당신의 미래를 바꿀
창업수업

박주영 | 이상호 | 김현순 저

인플로우

당신의 미래를 바꿀

창업수업

초판 1쇄 인쇄 2015년 8월 25일
초판 1쇄 발행 2015년 8월 31일

지은이　　박주영 | 이상호 | 김현순
발행인　　박민규
발행처　　(주)인플로우그룹
등　록　　제2011-000008호
주　소　　서울시 마포구 동교동 197-8 ANT빌딩 3층 359호
전　화　　070-4324-0999　　팩스 02-821-0705
이메일　　inflowgr@gmail.com
홈페이지　www.inflowgroup.com

디자인　　d.purple (sectionpart2@gmail.com)
인　쇄　　화이트

ⓒ 박주영, 이상호, 김현순, 2015
ISBN 978-89-966306-8-5　　03320

*잘못된 책은 교환해 드립니다.
*이 책은 저작권법에 의해 보호를 받는 저작물이므로
　무단 전제와 복제를 금합니다.

당신의 미래를 바꿀
창업수업

박주영 | 이상호 | 김현순 저

머리말

"회사생활의 끝이 보이는 것 같은데 어떻게 해야 좋을지 막막해요.", "좀처럼 취직이 되질 않는데 언제까지 취직준비에 매달려야 하는지 모르겠어요." 요즘 주변에서 쉽게 들을 수 있는 얘기다. 지금 우리사회는 심각한 일자리 부족 문제를 겪고 있다. 고용 없는 성장이 전 세계적으로 일반적인 현상이라고는 하지만 우리나라는 산업화 과정에서 일자리부족 문제를 심각하게 겪어본 경험이 없기 때문에 최근에 대두되는 일자리 문제가 더 크게 와 닿는다. 일자리와 관련한 미래 전망도 그리 밝지 않다. 우리 경제는 2000년대 이후로 3~4%대의 낮은 성장률을 보이고 있다. 경제 성장률이 향후 더 낮아질 것이라는 것이 지배적인 의견이다. 출산율 감소나 평균수명 연장으로 인한 인구구조의 변화도 일자리의 수요를 변화시키고 있다. 진보하는 신기술도 일자리의 안정성을 흔들고 있다. 정부에서는 문제의 심각성을 인식하고 다양한 정책을 내놓고 있지만 단기간에 개선될 기미가 보이질 않는다.

많은 전문가들은 지금 우리사회가 당면하고 있는 일자리 부족 문제의 해법을 창업에서 찾고 있다. 그동안 우리 경제성장에 기여했던 대기업 중심의 추격형 경제성장 패러다임이 서서히 한계를 보이고 있기 때문에 대기업을 통해 새로운 일자리를 만드는 것은 어렵다. 새로운 성장과 일자리 마련을 위해서는 창의적이고 혁신적인 아이디어를 바탕으로 한 창업 활성화와 강한 중소기업의 육성 외에는 마땅한 대안이 별로 없다. 최근의 통계자료를 보면 우리나라의 창업은 양적으로는 양호한 수준을 보이고 있다. 그러나 창업 성공률은 그다지 만족스러운 상황이 아니다. 우리나라 창업기업의 3년 생존율은 41%에 불과해 창업 선진국인 미국의 58%, 호주의 63% 등에 비하면 매우 낮은 수준이다. 5년 생존률은 17% 수준으로 더 낮아진다. 창업의 실패는 개인이나 가계에도 큰 충격이지만 국가 경제 측면에서도 바람직한 현상이 아니다. 되도록 창업의 성공률을 끌어올릴 필요가 있다.

우리나라의 창업성공률이 낮은 원인은 다음 세 가지 정도로 요약할 수 있다.
첫째, 기회형 창업의 비율이 낮고 생계형 창업의 비중이 매우 높다. 생계형 창업은 대부분 생계유지에 창업 외에는 대안이 없기 때문에 하는 경우가 많다. 성공을 위한 적극적인 기회 탐색이나 준비가 부족하기 때문에 손쉽게 할 수 있는 분야에 몰릴 수밖에 없다. 대부분 치열한 경쟁에 시달리다 손실을 입고 실패한다. 기회형 창업은 정규 고용기회를 자발적으로 포기하고 새로운 이윤창출을 목적으로 한 창업이다. 기회형 창업도 실패의 확률이 있긴 하지만 기업가 정신이나 창업활동의 질적 수준이 월등하다. 선진 경제일수록 기회형 창업 활동 비율 증가가 경제성장을 이끈다.

둘째, 실질적인 기술이나 노하우 전수 측면의 창업교육이 미흡하다. 사실 우리나라의 창업관련 교육의 양이 적은 것은 아니다. 학교에서의 창업관련 교육이나 정부주도의 창업교육이 양적으로는 풍부하지만 교육내용에 실질적인 기술이나 노하우를 충분히 담고 있지 못하다는 것이 문제다. 창업을 한다는 것은 이제껏 경험해보지 못했던 미지의 세계에 대한 도전하는 것과 같다. 자신의 아이디어에 대한 확신을 가지고 창업을 하긴 했지만 대부분의 창업자는 부족한 경험 때문에 좌충우돌하기 일쑤이다. 교과서나 강좌를 통해 습득한 창업관련 지식은 많은데 막상 현장에서 사용하려고 하니 뭔가 부족하다는 의견이 많이 제기된다. 그렇기 때문에 실제 창업과정에서 발생하는 의사결정 사항이나 문제점 등을 중심으로 교육하는 것이 필요하다.

셋째, 사회문화나 제도적인 측면이다. 우리나라의 전반적인 창업지원 제도는 다른 나라에 비해 크게 뒤지지 않기는 하지만 전체적인 사회적 분위기와 창업 생태계 측면에서는 아직 개선해야 할 점이 많다. 특히 실패에 대한 관용, 창업지원 금융시스템, 창업 네트워크 등은 크게 부족한 것으로 나타나고 있다. 창업을 독려하고 지원할 수 있도록 종합적인 관점에서 개선을 서둘러야 한다.

이러한 문제점을 개선하고 창업 성공률을 끌어올릴 수 있는 가장 좋은 방법은 창업 전반에 대해 통찰을 얻을 수 있는 적절한 교육내용과 교재를 개발해 보급하는 것이다. 이러한 교육과 교재는 창업에 대한 인식을 개선하면서 실질적인 기술과 노하우를 전수하는 통로가 된다. 사실 우리나라는 예비 창업가가 마음먹고 창업관련 정보를 얻고자 하면 얼마든지 좋은 정보를 모을 수 있다. 서점에 가면 창업 관련 서적이 진열대를 채우고 있다. 인터넷에서도 창업과 관련된 정보가 넘쳐난다. 이런 저런 창업관련 강좌도 많다. 하지만 정보가 넘쳐나고 있지만 정작 창업자들은 창업과정에서 이를 충분히 활용하기 어렵다. 정보가 단편적으로 제공되고 있기 때문이다. 초보 창업자들은 넘쳐나는 정보들이 무엇을 의미하는지, 언제 어떻게 적용해야 하는지 파악하는데 어려움을 겪는다.

　분야별로 조금씩 상이하긴 하지만 사업 아이템 개발, 사업기반 마련, 전략수립, 시장진입, 성장토대 마련 등의 문제는 어느 분야의 창업이든 공통적으로 포함되는 핵심적인 내용이다. 간단하게 표현했지만 이들 내용들은 사실 경영학 전반의 포괄하는 방대한 내용이다. 깊이 있는 설명을 위해서는 한두 권의 책으로는 어림도 없다. 하지만 무작정 깊이 있는 내용을 담는 것도 좋은 방법은 아니다. 창업 프로세스에 대한 이해와 통찰을 얻기 어렵기 때문이다. 이렇게 본다면 창업가에게 도움이 되는 가장 이상적인 교재는 깊이 있게 다루면서도 간략하게 정리된 다소 상반된 요구를 만족시켜야 하는 것이다.

　이 책은 2011년에 나온 '창업경영론'의 후속으로 창업자가 갖추어야 할 조건에서부터 창업 준비, 시장진입, 성장의 토대마련 과정에서 창업자가 반드시 고려하여야 하는 의사결정사항과 문제점을 중심으로 내용을 보완하고 재구성하였다. 이를 위해 그동안 연구되었던 경영학의 여러 연구결과를 반영하였다. 하지만 이론이나 관리기법을 구체적으로 소개하기 보다는 이러한 이론들이 창업과정의 각 단계별로 어떤 의미를 가지고 있는지에 대한 인사이트를 제공하는 것을 염두에 두고 최대한 간결하게 서술하였다. 책의 내용은 크게 세 파트로 나누어져 있다. 첫 번째 파트에서는 창업에 대한 필요성과 창업가의 자세를 다루고 있다. 두 번째 파트에서는 사업 아이템을 개발하고 사업계획을 수립하는 창업 준비과정을 다루고 있다. 세 번째 파트에서는 실질적인 창업의 기반을 마련한 후 시장에 진입하고 성장의 토대를 마련하는 단계까지를 다루고 있다.

창업은 여러 도전을 극복하면서 성공으로 나아가는 과정이다. 창업과정에서 직면하는 도전을 극복하기 어려운 가장 큰 이유는 그것이 생소한 것이라는데 있다. 미리 알면 극복이 용이하다. 성공에 대한 열망과 노력의 자세를 가지고 있는데도 불구하고 창업과정에서 어떤 점을 고려해야 하는지 충분히 알지 못해 어려움을 겪는다는 것은 불합리하다. 이 책은 새로운 기회를 찾아 창업을 준비하는 예비창업가들에게 창업과정에서 어떤 점을 중요하게 고려해야 하는지에 대한 통찰을 제공하는 것을 목표로 하고 있다. 모쪼록 모든 독자가 이 책을 통해 창업에 대해 흥미와 자신감을 가지고 미래의 창업과정에 안정성을 불어 넣는데 성공하길 기원한다.

목차

머리말   004

Part Ⅰ. 창업 이해하기

Ch.1. 왜 창업인가   015
Ch.2. 창업의 조건   029

Part Ⅱ. 창업의 준비

Ch.3. 창업아이템   045
Ch.4. 창업아이디어의 원천   065
Ch.5. 창업아이디어 도출   081
Ch.6. 보유자원과 수익모델 고려   093
Ch.7. 비즈니스모델 구축하기   113
Ch.8. 사업계획서를 만들어야 하나   127
Ch.9. 사업계획서는 어떻게 작성할까   139

Part III. 창업기업 관리와 성장	Ch.10. 사업기반 갖추기	157
	Ch.11. 제품 서비스의 생산	177
	Ch.12. 마케팅 계획의 구체화	189
	Ch.13. 시장에 어떻게 진입할 것인가	207
	Ch.14. 영업 전략의 조정	227
	Ch.15. 성장통에 대비하자	239
	Ch.16. 성장통을 어떻게 극복할까	251

찾아보기	270
참고문헌	274

Part 01

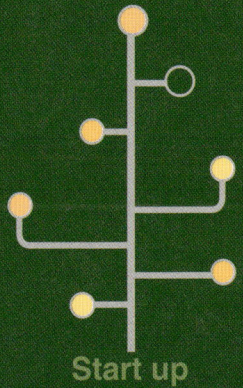

Start up

창업 이해하기

Chapter 1
왜 창업인가

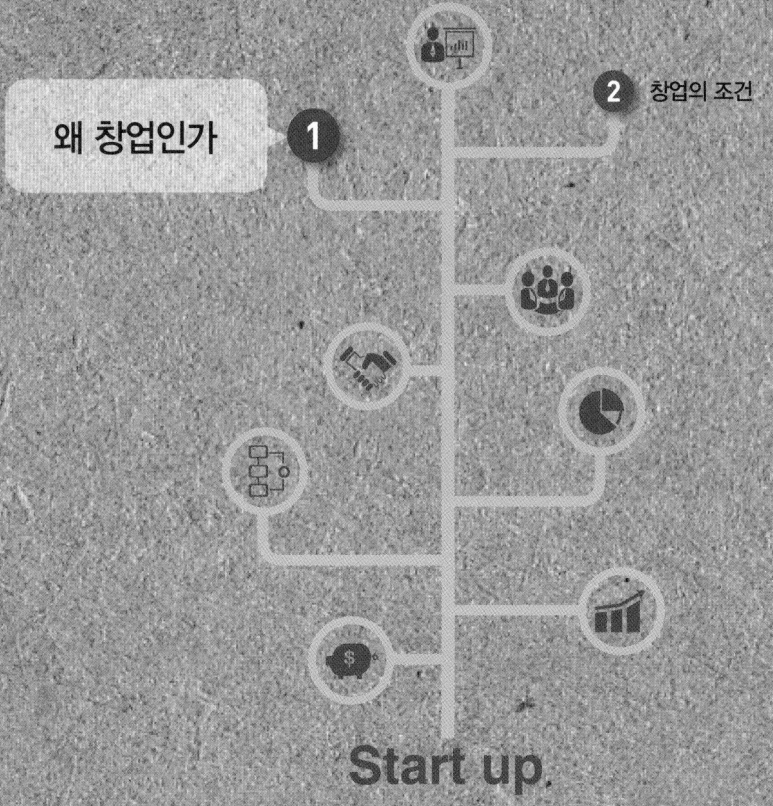

1 왜 창업인가
2 창업의 조건

Start up.

Case

더하이브의 이상민 대표는 건축학을 전공했다. 대학교 1~2학년 때까지만 해도 유명 건축가가 되겠다는 꿈을 가지고 전공 공부에 매진했다. 영어도 중요하다고 생각해서 카투사까지 다녀왔고, 그 덕에 영어는 막힘없이 할 수 있을 정도였다. 학점도 좋고, 영어도 잘했으니 취업이 어려울 리도 없었다. 배낭여행도 다녀와야겠다는 생각에 휴학을 하고 세계 여러 나라 사람들을 만나고, 이제껏 해보지 못한 놀라운 경험을 했다. 여러 사람들을 만나면서 새로운 세상을 보았고 이 세상에는 공부와 건축 말고도 할 수 있는 일이 많다는 것을 느꼈다. 다시 복학해서 수업을 받으려는 첫날, 강의실과 책상이 너무도 답답하게 느껴졌다. 휴학을 하고 회사에 다니기도 했지만, 그것도 성에 차지가 않았다. 뭔가 새로운 돌파구가 필요했다. 그때가 25살때였다.

학교를 휴학하고 다니던 회사는 버스정보기기를 제작하는 회사였다. 기사들이 기기의 설치를 위해 크고 불편한 전동드라이브를 가지고 다니는 것을 보고 작고 성능 좋은 전동드라이브를 구상했다. 여성도 사용할 수 있을 뿐만아니라 USB로도 충전이 가능한 전동드라이브를 만들기 위해 각고의 노력을 기울였다. 청년창업사관학교의 도움을 받으면서 사업추진이 점점 체계화되어 갔다. 결국 제품개발에 성공해 국제발명전시회에서도 수상하기도 하고 세계적인 공구 제작·유통업체와 거래계약을 체결했다. 대학 4학년일때 종자돈 6천만원으로 창업한 기업이 4년만인 2013년에는 매출 50억 달성을 눈 앞에 두고 있다.

자료 : 청년, 창업에 미치다. 청년창업사관학교.

우리나라는 지구상에서 인구구조가 가장 급속하게 변하는 나라 중 하나이다. 가까운 일본은 이미 일이십년 전부터 인구구조의 급속한 변화를 겪고 있는데 현재 추세로 간다면 우리나라는 일본의 경우보다 더욱 급속한 인구구조의 변화를 겪을 것으로 전망되고 있다. 인구구조의 변화에 주목해야 하는 이유는 인구구조의 변화가 사회, 경제, 정치등 국가의 모든 분야에 심각한 영향을 미치기 때문이다. 일본의 사례를 보더라도 빠르게 진행된 고령화와 출산율의 감소, 그리고 이로 인한 경제의 활력저하가 경기침체 장기화의 주요 원인으로 꼽힌다. 인구구조의 변화는 일자리 측면에도 큰 변화를 일으킨다. 점점 일자리가 줄어드는 것이다.

언젠가 한번은 창업해야 한다

인구구조 변화에 따른 일자리 변화 중 먼저 청년일자리 측면을 살펴보자. 일반적으로 출산율이 감소하고 평균수명이 늘어나면 장기적으로 경제활동인구가 줄어들게 된다. 경제활동인구가 줄어든다는 것은 인력의 공급이 줄어든다는 것이므로 단순히 생각한다면 상대적으로 일자리가 풍부해져야 정상일 것 같지만 실제 현상은 정반대로 나타난다. 일할 수 있는 경제활동인구도 감소하지만 이와 동시에 양질의 일자리도 빠르게 없어진다. 경제가 활력을 잃기 때문이다. 일단 새로운 일자리가 줄어들면 축소되어 가는 기존 일자리를 가지고 기성세대와 청년층이 경쟁하는 상황이 벌어진다. 불황기의 기업은 생존을 위해 어떻게든 투자와 비용을 줄이려고 노력하기 때문에 교육·훈련에 상대적으로 많은 투자가 필요한 청년들의 고용을 꺼리게 된다. 결국 경제활력 저하의 피해를 이제 막 사회에 진출하려고 하는 청년층이 가장 먼저 받는다.

일본의 경우도 불황이 시작되면서 파견제, 프리타(フリーター- 프리랜서와 아르바이트의 합성어), 사토리세대(さとり世代 깨달음세대) 등의 용어가 보편화되었다. 청년들이 제대로 된 일자리를 구하기가 어려워지고 아예 사회현상으로 고착된 것이다. 우리나라도 이런 조짐이 여기 저기서 보이고 있다. 청년실업이니 88만원세대니 하는 용어가 낯 설지 않다. 저성장 기조가 장기화 조짐을 보이면서 기업에서는 신규채용 규모를 줄이고 있고 청년취업률은 계속 낮아지고 있다. 기업도 과거와 달리 정기채용 보다는 수시채용 방식을 더 선호하고 있다. 수시채용이라는 것은 기본적으로 경력직의 채용을 우선시하는 방식이다. 청년들의 일자리 측면에서 계속 부정적인 변화가 일어나고 있는 것이다.

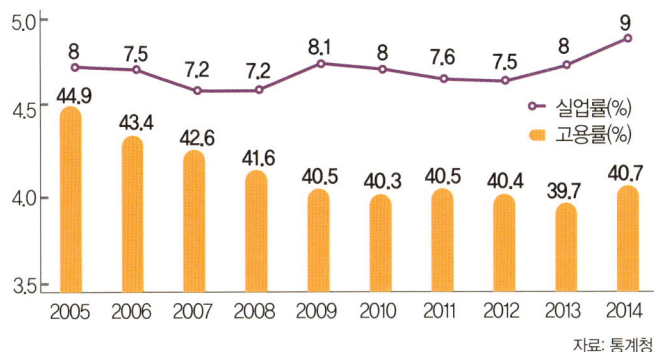

국내 **청년고용 동향**

자료: 통계청

산업 규모별 대졸 신입사원 채용경로 활용도

(단위:%)

구 분	규 모		산 업		전 체
	대기업	중소기업	제조업	비제조업	
정기채용만 진행	7.5	6.6	6.7	7.3	6.9
수시채용만 진행	27.5	68.1	53.1	58.5	54.9
정기채용+수시채용 진행	65.0	25.3	40.2	34.2	38.2
계	100.0	100.0	100.0	100.0	100.0

자료: 한국경영자총협회, 2014년 신입사원 채용실태 조사결과

    일자리와 관련해서 어려운 것은 기성세대도 마찬가지이다. 과거 70~80년대 고도 성장기에는 완전고용의 특성이 강해 평생직장의 개념이 강했고 설사 직장에서 초기에 퇴사하더라도 재취업의 기회를 잡는 것이 그리 어렵지 않았다. 그러나 우리 경제의 성장률이 조금씩 하락하면서 고용시장에도 변화가 발생하기 시작했다. 특히 90

년대 말 외환위기 이후에는 기업의 상시 구조조정이 보편적인 현상으로 자리 잡았다. 직장생활을 하면서 정년 보장을 기대하는 것은 점점 어려워지고 있고 50대 초반이면 퇴사를 고려하는 것이 당연한 일처럼 되었다. 2013년에 정년연장법이 통과되어 2016년부터는 정년이 60세로 연장된다지만 민간 기업에서 60세 정년의 혜택을 받는 비중은 그리 높지 않을 것으로 예상된다. 법정 정년연령과 상관없이 그 전에 퇴사하는 경우가 많기 때문이다. 통계청의 2014년 경제활동인구조사 조사결과[1]를 보면 가장 오래 근무한 직장을 그만둔 이유 중 정년퇴직은 7.6%에 불과하다. 대부분 정년퇴직 이전에 다른 이유로 직장을 그만두는 것이다. 2012년에 서울복지재단에서 실시한 조사결과[2]도 비슷하다. 경제활동경험자들 1,000명을 대상으로 조사한 결과를 보면 평균 은퇴연령은 52.6세이다. 연령대별로는 65살 이상에서는 57.6세에 은퇴했다고 응답했지만 55~59세 연령에서는 48.5세에 은퇴했다고 응답해 점점 은퇴연령이 빨라지는 추세를 보이고 있다. 최근의 만혼 추세를 고려하면 50대 초반이면 가정적으로나 개인적으로 아직 왕성하게 사회생활을 해야만 하는 시기다. 자녀들이 대부분 학업중이고, 앞으로도 들어갈 일이 계속 기다리고 있다. 평균수명[3]은 늘어났지만 노후대비가

---

1 통계청(2014), 경제활동인구조사 고령층 부가조사
2 한겨레, '평균은퇴연령 53세...갈수록 빨라진다.'
3. 2013년 기준으로 우리나라 국민의 평균 수명은 약 82세이다.

제대로 안되어 있어 생활을 위해서도 뭔가 일을 해야 하지만 새로 직장을 구하는 것은 하늘의 별따기이다. OECD[4]에서 최근 발표한 자료를 보면 한국 남성의 실질 은퇴연령은 71.1세로 멕시코에 이어 세계 2위이다. 한국의 경우 노후대비가 부족하기 때문에 법정 은퇴연령인 60세 이후에도 오랜 기간 경제활동을 해야만 하는 것이다.

정부에서는 심화되는 일자리 문제의 해결을 위해 많은 노력을 기울이고 있지만 단기간에 획기적으로 일자리가 늘어나는 것을 기대하기는 어려운 상황이다. 우리사회의 일자리 문제를 해결할 수 있는 가장 좋은 방법은 창업을 통해 국민 스스로 일자리를 창출하는 것이다. 현재 우리나라는 부족한 일자리, 고용불안, 평균수명 연장, 부족한 노후준비 등의 문제가 복잡하게 얽혀있다. 이런 상황이 지속된다면 국민 대다수는 언젠가는 창업을 심각하게 고려할 수밖에 없다. 다만 그 시기와 형태가 다를 뿐이다. 퇴직 후 상황에 몰려 불안한 생계형 창업을 할 것인지 아니면 젊은 나이에 새로운 가능성에 도전하는 형태의 창업이 될 것인지는 창업을 하는 개인의 선택이다.

---

4. http://www.oecd.org/els/emp/ageingandemploymentpolicies-statisticsonaverageeffectiveageofretirement.htm

기술발달과
직업환경의 변화

　우리의 일자리와 직업을 바꾸는 또 하나의 중요한 요인은 기술의 발달이다. 기술의 발달은 산업을 변화시킨다. 이러한 변화를 통해 새로운 기업이나 산업이 부상하고 기존 기업과 산업은 변화를 수용하여 더 발전하거나 시장에서 도태된다. 이 과정에서 우리의 생활이 바뀌고 일자리와 직업이 바뀌거나 사라진다. 반면 전혀 예상하지 못하던 새로운 직업도 생겨난다. 어느 정도 나이가 있는 사람이라면 어릴 적 동네 전자오락실에서 전자오락에 심취했던 경험이 있을 것이다. 이 당시만 해도 전자오락은 그저 심심풀이 오락에 불과했고, 학부모에게 전자오락은 만화책과 함께 건전한 학업습관을 좀먹는 악의 축으로 여겨졌었다. 게임을 아무리 잘해도 또래집단에서의 자랑거리 그 이상도 이하도 아니었다. 그런데 불과 일이십 년 만에 세상이 변했다. 케이블 티브이를 켜면 하루 종일 다양한 게임을 중계방송하고 있다. 게임만 전문적으로 하는 프로게이머라는 직업이 생겨났고 게임을 중계하는 아나운서와 해설자가 직업으로 자리 잡았다. 전문방송국까지 생겨났으니 게임과 관련하여 새로 생긴 직업과 일자리는 그 수를 헤아리기 어렵다

　많은 미래 학자들은 가까운 미래에 산업 및 직업 패러다임에 큰

변화가 일어날 것으로 예상하고 있다. 미국의 미래학자 토머스 프레이는 새로운 기술의 등장으로 인해 2030년까지 약 20억 개의 일자리가 소멸할 것이라고 주장한 바 있다[5]. 물론 일자리 소멸이라는 비관적인 전망만 있는 것은 아니다. 빅데이터, 3D프린팅, 사물인터넷, 드론, 무인자동차 등 새로 등장한 기술이 발달하면서 소멸되는 것보다 더 많고 더 다양한 일자리가 새로 생길 것으로 전망한다. 새로운 기술의 등장이 세상과 사람들의 생활을 새롭게 정의함에 따라 기존의 일자리가 새로운 일자리로 대체된다는 것이다. 기술의 발달은 일자리나 직업의 미래에 위기와 기회를 동시에 만든다. 변동성과 불확실성이 증가하는 것이다.

따라서 급격한 기술변화 트렌드 속에서 안정적 직장만을 찾아다니는 것은 역설적으로 자신의 직업에 대한 리스크를 키우는 것일 수 있다. 기술과 산업의 변화속도가 빨라 과거와 같이 직장의 안정성을 기대하기 어렵기 때문이다. 더구나 변화는 다양한 기회를 동반한다. 변화가 많을수록 기회도 많다. 다가올 기회를 잡기 위해서는 능동적이고 주도적인 행동이 필요하다. 직장이라는 것은 남이 만들어 놓은 일자리다. 남이 만들어 놓은 틀 안에서 다가오는 기회를 잡고 주도적으로 인생을 개척하는 데는 한계가 있다. 더구나 직

---

[5] 자료 : 토머스 프레이 홈페이지. http://www.futuristspeaker.com/

장이라는 것은 자신의 의지와 상관없이 기업의 필요에 의해 생기기도 하고 없어지기도 한다. 급속한 변화의 시대에 남이 만들어 놓은 직장에서 안정성을 추구하는 것은 환상을 쫓는 것과 같다. 앞으로 다가올 기회를 잡고 자신의 인생을 스스로 개척하면서 동시에 안정성을 키울 수 있는 가장 효과적인 방법은 창업이다. 창업을 통해 사회 속에서 자신의 역할을 스스로 정의할 수 있을 뿐만 아니라 변화를 능동적으로 활용하고 이끌어 갈 수 있다.

직업에 대한
가치관의 변화

현대사회에서 직업이란 단순히 생계를 위한 노동의 의미를 넘어 그 사람의 정체성을 의미한다. 직업이 개인의 삶의 질이나 사회적 지위뿐만 아니라 성격과 기질, 취향과 태도, 인격까지도 반영하는 것이다. 따라서 자신에게 적합한 직업을 선택하고 영위하는 것은 개인의 삶을 풍요롭고 의미 있게 하는데 매우 중요하다. 그런데 우리는 흔히 직장과 직업을 혼동하는 경우가 많다. 직장이 나의 직업을 나타낸다고 생각하는 것이다.

일반적으로 직장은 일하는 장소나 사무실을 의미한다. 반면 직업은 전문적인 기술로써 자기분야에서 스스로 결과물을 만들어내고 생활에 필요한 돈을 벌 수 있는 일을 의미한다. 보통 직장을 다니면 직업이 자동적으로 생기는 것으로 생각하기 쉽지만 꼭 그렇지는 않다. 직장에 다니면 명함에 넣을 수 있는 타이틀은 주어지지만 진정한 의미의 직업은 자동적으로 생기지 않는다. 진정한 의미에서의 직업은 남이 만들어 놓은 직장을 떠나서도 그 가치를 인정받을 수 있을 때 성립된다. 누구나 부러워하는 대기업에 다니던 사람이 40대 후반의 한창 나이에 명퇴를 하게 되어 막막해 한다는 얘기를 많이 듣는다. 이런 경우는 직장은 있었지만 직업은 없었다고 할 수 있다. 회사에 근무할 때 자신의 역량이라고 생각했던 것이 사실 기업의 역량이었던 것이다. 기업에 몸담고 있던 많은 사람들이 퇴사 후 어려워하고 절망하는 것은 직장과 직업을 혼동했기 때문이다. 진정한 직업인이라면 이러한 상황에서도 자신의 분야에서 계속 일을 찾을 수 있어야 한다.

과거에는 직장이 직업과 동일시되고 어느 직장에 다니느냐가 그 사람의 직업과 그 사람 자체를 규정하던 경향이 강했다. 물론 현재도 그러한 경향이 없는 것은 아니지만 이런 가치관이 서서히 변화하고 있다. 사회적으로 직장과 직업이 새롭게 정의되고 있는 것이다. 안정적인 직장의 신화가 무너지면서 생긴 현상인데, 향후 이러한 추세는 더욱 강화될 것으로 보인다. 현실적으로 오늘날 대부분의 직장은 개인의 인생을 보호해 주지 못한다. 대부분의 직장은 과거와 같은 안정성을 잃은 지 오래다.

　최근 청년들이 선호하는 직장순위를 보면 국가기관, 대기업, 공기업 순으로 나타나고 있다. 무한한 가능성을 가진 청년들이 새로운 가치에 도전하기 보다는 삶의 안정성을 더 중요시 하는 것이다. 역동적이어야 할 학생들을 안정적인 직장을 찾아 소모적인 스펙 쌓기에 몰두하도록 만드는 우리의 현실이 씁쓸하다.

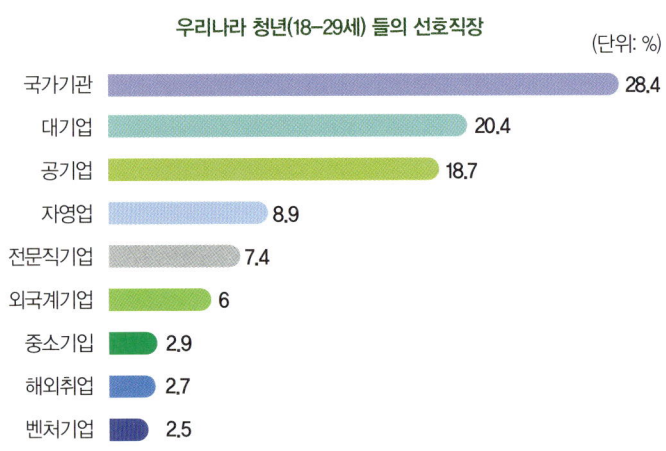

원론적인 이야기지만 자신의 인생은 자신이 개척하여야 한다. 어느 누구도 자신의 삶을 대신 살아주지 못한다. 타인이 구성한 틀에 수동적으로 맞추어 사는 인생에서 자아실현은 어렵다. 따라서 자신의 자리를 찾고 역량을 강화하는 능동적인 노력이 필요하다. 자신의 전문성을 강화하고 확고한 직업을 찾는 가장 효과적인 방법은 창업이다. 물론 직장에 다니면서 개인의 전문성을 함양하는 것도 가능하지만 자기 스스로 인생을 개척하고 나의 경쟁력을 키운다는 의미에서 창업만한 것이 없다.

창업을 해야하는 이유

1. 자신의 운명을 자신이 컨트롤한다.
2. 자신 의지에 따라 일과 삶의 균형을 맞출 수 있다.
3. 함께 일할 사람을 자신이 고른다.
4. 위험과 그에 따른 성과를 혼자서 감당한다.
5. 도전을 마음껏 할 수 있다.
6. 자신의 열정을 따를 수 있다.
7. 일 마무리를 빨리 할 수 있다.
8. 고객들과 개인적인 유대감을 쌓을 수 있다.
9. 사회에 환원하고 싶은 만큼 할 수 있다.
10. 스스로가 쌓아가고 있는 것에 대한 자부심을 느낄 수 있다.

Chapter 2
창업의 조건

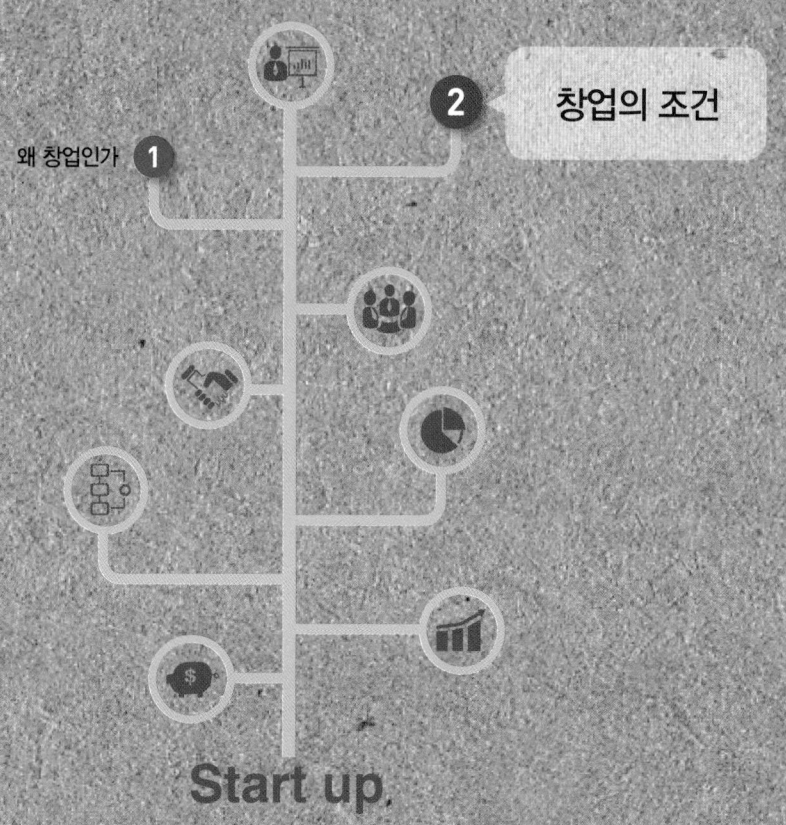

한경희생활과학의 한경희 대표는 교육부 사무관으로 근무하다 비즈니스 세계에 뛰어들었다. 결혼 후 두 자녀를 낳고 직장과 가사를 병행하다 우연히 스팀청소기에 대한 아이디어를 떠올렸다. 그리고 그 아이디어를 바탕으로 창업을 결심했다. 하지만 기대와 달리 사업은 좌절의 연속이었다. 한 대표는 2012년 한 TV토크쇼에 나와 "사업을 시작하고 2~3년 동안은 제품을 개발하느라 매우 힘들었다"며 "처음에 5천만 원 정도로 예상했던 사업자금도 곧 억 단위가 되었다"고 말했다.

한 대표가 제품을 개발하느라 집에 늦게 들어가도 가정이 평화로웠던 것은 남편과 양가 부모 덕분이었다. 사업초기 제품을 개발하느라 자금이 부족할 때 남편은 집을 담보로 대출받아 사업자금을 마련해줬다. 이마저도 바닥나자 시부모님과 친정 부모님들도 집을 담보로 돈을 빌려주었다. 한 대표는 "남편과 부모님, 시부모님 모두 한마음으로 격려하며 믿어주고 동반자를 자처한 덕분에 성공할 수 있었다"고 말했다. 특히 남편이 격려를 많이 해주었다. 그는 "남편은 내게 날이 밝기 전 새벽이 가장 어둡다고 이야기하곤 했다"며 "그 말을 듣고 내일이면 바로 잘 될 것 같다는 희망이 들었다"고 했다.

비즈니스 포스트 2014.07.07

창업의 성공사례로 얘기할 때 흔히 드는 사례는 혁신성을 기반으로 이십대 젊은 나이에 크게 성공한 벤처기업가의 성공담이다. 대부분 혁신적인 기술과 아이디어로 창업해서 세계적인 기업으로 성장한 기업들인데, 이러한 이유로 우리는 창업에 뛰어드는 사람과 창업의 조건에 대해 암암리에 편견을 가지고 있다. 창업가의 이미지를 혁신적인 첨단기술로 무장한 젊은 천재의 이미지로 그리는 것이다. 창업아이템도 뭔가 혁신적인 첨단기술이 결합 되거나 오랜경험의 산물이어야 성공할 것 같다. 성공한 창업기업은 처음부터 사업자금도 풍족하게 준비하고 시작했을것같다. 과연 창업에 성공하기 위한 조건이나 특별한 자격이 있는 것일까? 이에 대해 구체적으로 알아보자.

사업 아이템

창업을 하기 위해서는 가장 먼저 어떤 사업을 할지에 대한 아이디어가 있어야 한다. 창업의 성공여부는 시장성과 경쟁력을 갖춘 창업 아이템을 확보하고 있는지 여부에 달려있다고 해도 과언이 아니다. 생계를 위해 창업에 내몰리는 생계형 창업의 경우에는 대부분 사전에 창업 아이템에 대해 충분히 생각하지 못하기 때문에 손쉽게 접근할 수 있는 분야에서 창업을 하게 된다. 그러나 손쉽게 접근할 수 있기 때문에 많은 사람들이 몰리게 되고 결국 극심한 경쟁에 시달리게 된다. 당연히 적당한 수익을 내기 어렵고 성공확률도 낮다. 더구나 생존의 상황에 몰려 창업을 하게 되면 자신도 모르게 창업의 당위성이 타당성으로 변질되기 쉽다. 성공할 수 있으니까 창업하는 것이 아니라 성공해야만 하니까 창업하는 것이다. 따라서 창업의 성공확률을 높이기 위해서는 충분한 고민을 통해 경쟁력 있는 사업아이템을 발굴하고 성공가능성을 객관적으로 분석하고 판단하는 노력이 필요하다.

그러나 성공가능성이 있는 창업 아이템을 발굴하는 것이 쉬운 일은 아니다. 어떤 정보를 가지고 창업 아이디어를 내야 할지도 모를뿐더러 어렵게 창업 아이디어를 냈다 하더라도 그 아이디어가 정말 사업화되어 성공할 수 있는지 판단하는 것도 쉽지 않다. 일반적으로 창업 아이디어를 도출하기 위한 원천으로 다음과 것을 들 수 있다.

- 장기간에 걸친 특정분야에서의 경험
- 제품개발에 적용할 수 있는 새로운 기술/지식
- 소비자 니즈와 제품에 대한 지식
- 소비자의 소비행태에 관한 지식

위에서 제시한 아이디어 원천은 크게 창업자의 경험·역량과 시장에 대한 통찰로 구분할 수 있다. 모든 비즈니스는 소비자를 전제로 하고 있으므로 시장에 대한 통찰을 통해 아이디어를 도출하는 것은 중요하고 당연한 것이다. 이 부분에 대해서는 뒤에 다시 다룰 것이다. 여기서 재고해 볼 문제는 창업 아이디어의 원천으로 창업자의 경험과 전문성이 중요한 역할을 한다는 것이다.

1만 시간의 법칙이라는 것이 있다. 어느 분야에서나 1만 시간을 투자하여 지식을 습득하고 훈련을 쌓으면 그 분야에서 성공할 수 있다는 것이다. 다중지능이론으로 유명한 하버드 대학의 하워드 가드너 교수는 그의 저서 '열정과 기질(Creating Minds)'에서 각 분야에서 창조적인 업적을 이룬 7명의 대가들을 조사한 결과, '창조성의 10년 규칙'이 있다고 주장했다. 창조적인 인물들은 분야에 따라 기간은 조금씩 달라도 대략 10년 정도의 훈련기간을 거쳐 도약적인 업적을 이룬다는 것이다. 그런데 기업경영이나 창업에서도 이러한 10년 규칙이 적용되는 사례는 많다. 미국의 Kauffman 재단에서 2009년 미국 내 549기업의 창업자를 대상으로 조사한 결과[6]를 보면 창업을 촉진하는 측면에서 몇 가지 중요한 시사점을 발견할 수 있다.

---

[6] Wadhwa, Vivek, Raj Aggarwal, Krisztina "Z" Holly, Alex Salkever(2009), "The Anatomy of an Entrepreneur : Family Background and Motivation", Ewing Marion Kauffman Foundation.

- 청년기보다는 중년기(조사대상 평균창업연령이 40세)에 창업한 비율이 높고 대부분 중산층 가정의 배경에 적절한 교육을 받은 것으로 나타났다. 적절한 교육과 이를 통한 일정한 성취는 창업에 중요한 역할을 한다.
- 창업 당시에 해당 산업분야에 대해 일정 수준의 경험을 보유하고 있는 비율이 높았다. 응답자의 75%가 창업 전에 다른 회사에서 6년 이상 근무한 경험이 있다고 응답했으며 약 48%가 10년 이상의 경험을 가지고 창업했다고 응답하였다.

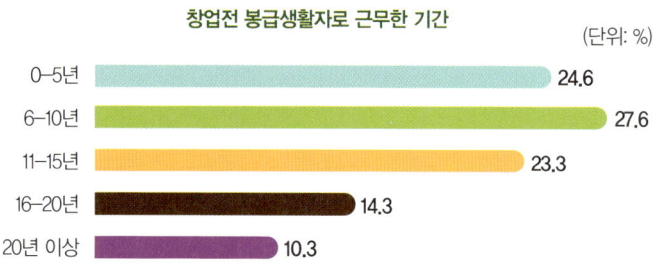

즉 사전에 창업분야에 대한 경험이 적당히 있을 경우 성공가능성이 높아진다는 것이다. 그러면 창업분야에 대한 사전 경험이 없는 경우에는 성공의 가능성이 없을까? 우리는 그렇지 않다는 것을 이미 알고 있다. 창업의 세계에서는 해당 분야에 대한 경험이 전혀 없는 상태에서도 창업하여 성공을 거둔 사례가 얼마든지 있다. 아이디어와 열정만으로 창업하여 세계적인 기업으로 성장한 사례도 많다. 사전경험이 사업의 안정성을 다소 높여줄 수는 있지만 성공을 보장하는 절대반지는 아니다. 오히려 사전경험을 사업 리스크와 연결하여 생각해 보면 반대의 논리도 가능하다. 나이가 젊을 때는 경험이 부족하지만 반대로 상대적으로 잃을 것이 적다. 사업이 실패했을 때 감수해야 하는 리스크가 상대적으로 적다는 것이다. 부양가족도 적고 다시 시작할 수 있는 기회도 더 많다. 반면 젊은 시절을 관련 경험에 투자할 경우 창업의 안정성을 높일 수는 있지만 나이가 들어 시작한 만큼 실패에 따르는 리스크에 취약해 진다.

창업성공에 전문성이 필요한가와 관련해서도 의견이 갈린다. 언뜻 생각하면 창업할 때 해당 분야에 대한 전문성을 확보하는 것이 유리해 보인다. 앞에서 언급했듯이 창업가가 해당 분야에 대한 충분한 지식과 경험을 가지고 있는 경우 그렇지 않은 경우에 비해 성공확률이 높은 것은 사실이다. 최근 보도된 바에 따르면 우리나라에서 1985년 이후 설립된 벤처기업 대표의 프로필을 보면 약 32% 정도가 소위 5대 대기업에 근무한 경험이 있는 것으로 나타났다. 대기업에서의 근무 경험과 전문성이 창업의 발판이 된 것이다.

그러나 이와는 반대로 높은 전문성이 창업가의 위험감수성과 도전정신을 억제하고 새로운 사업 아이디어를 도출하는데 방해가 된다는 주장도 있다. '아는 것이 병'이라는 우리 속담이 들어맞는 경우라고 할 수 있다. 전문성은 창업자의 시야를 세밀하고 미세한 부분에 집중하게 만든다. 사전 경험이나 지식이 고정된 프레임이나 편견을 만들기도 하고 부분적인 리스크에 과도하게 집중하게 만들기도 한다. 이는 창업자가 새로운 가능성을 포착하는 것을 방해한다. 오히려 사전지식이나 편견 없이 세상을 볼 때 남들이 간과하기 쉬운 기회를 더 쉽게 발견할 수도 있다. 소위 말하는 전문가들이 새로운 사업계획에 대해 더 비판적으로 반응하는 이유이다.

〈표 1-2〉 1985년 이후 창업된 상장사 창업자 출신 이력 '톱 10'

출신그룹	비율(%)	출신대	비율(%)	전공	비율(%)
삼성	16.2	서울대	25.5	공학	58.2
LG	9.7	한양대	8.3	경영+경제	14.4
현대	4.9	연세대	7.9	자연+과학	10.1
SK	1.3	고려대	5.8	인문+사회	8.1
		성균관대	3.9	의학+약학	2.7
		영남대	3.7	수학+통계	2.2
		중앙대	3.5	무역학	1.6
		경북대	2.9	농대	1.1
		서강대	2.9	법학	1.1

자료 : 뉴데일리경제, '성공한 창업자' 셋 중 한 명은 삼성·LG·현대·SK출신', 2015.3.4

창업자의 사전경험과 전문성은 창업단계에서는 필수적인 요소가 아니다. 특히 사업아이디어를 도출하는 단계에서는 오히려 혁신적인 아이디어 도출에 방해가 되는 경우도 많다. 전문성은 창업을 진행하는 과정에서 경험을 통해 자연히 향상된다. 따라서 경험이 풍부하고 전문성이 강한 사람이 낸 사업아이디어가 우수하고 성공 가능성이 높다는 편견은 버려야 한다.

적당한 창업 자금

 물론 여러 가지 다양한 이유가 있긴 하지만 사업을 하는 가장 큰 이유는 돈을 버는 것이다. 돈을 벌기 위해서는 적절한 투자가 이루어져야 한다. 투자에는 창업가의 시간과 역량, 노력 그리고 금전적인 투자가 있다. 이중 금전적인 투자를 하기 위해서는 적절한 창업자금이 필요하다.

 창업자금은 다양한 방법과 다양한 원천으로부터 조달할 수 있다. 사업의 착수 단계에서는 모든 것이 불확실하기 때문에 외부로부터 투자자금을 유치하기는 어렵다. 초기에는 투자규모가 크지 않기 때문에 주로 자신이 보유하고 있는 자금을 활용한다. 부족한 경우 부모나 친지로부터 조달하기도 한다. 사업의 규모가 크거나 사업이 자리 잡기 시작해 투자가 늘어나면 은행 등 외부로부터 차입이나 투자 유치가 필요해진다. 그러나 외부로부터의 자금조달은 매우 어렵다. 특히 창업 초기에는 외부로부터의 자금조달 과정에서 많은 어려움을 겪게 된다. 아직 외부로부터 확실한 신뢰를 쌓지도 못했을 뿐만 아니라 사업의 진행과정에 변동성이 크기 때문이다. 사전에 세밀한 분석을 기반으로 자금계획을 세워놓고 준비해도 사업은 계획대로 진행되지 않는다. 일정은 지연되기 일쑤고 항상 원래 계획보다 비용이 더 발생한다. 그러므로 창업가는 항상 여유 있는 자금계획을 수립하고 자금을 조달할 수 있는 기관이나 투자자를 지속적으로 물색하여야 한다.

창업의 안정성을 돕는 자금공급은 창업가 개인적인 차원뿐만 아니라 우리 사회의 공익적인 차원에서도 중요하다. 창업의 성공과 성장이 국가 경제의 기반이 되기 때문이다. 현재 국내에는 원활한 창업자금 공급을 위해 벤처캐피탈이나 신용보증기금 등 여러 가지 지원제도가 운영되고 있다. 물론 이러한 투자자들로부터 자금을 지원받기 위해서는 까다로운 심사과정을 거쳐야 하지만 과거 모든 것을 개인적인 노력과 역량에만 의지하던 때와 비교하면 자금조달 방법은 매우 다양해 졌다. 창업자의 유능함과 경쟁력 있는 사업 아이디어를 확신시킬 수 있다면 과거에 비해 창업자금을 지원받기 훨씬 수월하므로 이러한 제도를 적극 활용해보자.

창업가의 자세

창업의 주체는 창업가이다. 창업초기 기업이나 사업이 창출하는 가치는 대부분 창업가로부터 나온다. 창업의 아이디어를 내고 그 아이디어를 실현시키기 위한 창업초기 노력의 대부분을 창업가가 수행한다. 따라서 창업의 성공을 위해서는 창업가의 자세가 무엇보다 중요하다. 흔히 이를 창업가 정신 혹은 기업가 정신(entrepreneurship)이라고 명명한다. 창업가 정신은 새로운 기회를 추구하고 가치를 창출하기 위해 역경을 극복해 나가는 창조적 활동으로 정의할 수 있다. 일반적으로 창업가 정신의 요소로 다음과 같은 것들을 든다.

혁신성

기업 활동에서 새로운 세계를 찾아 나서는 개척자 정신은 필수적이다. 남들과 같아서는 경쟁력을 갖추기 어렵기 때문이다. 비록 새로운 것을 개척하는 것이 힘들고 어렵고 불가능하게 보일지라도, "무에서 유를 창조하는 창조정신"이 성공창업을 위해서는 반드시 필요하다. 남들과는 다른 역발상적인 특성이 많을수록 성공의 과실이 더 크다. 이러한 관점에서 창업가 정신의 가장 핵심적인 요소는 바로 혁신성이라고 할 수 있으며 창업가는 혁신가여야 한다.

위험감수성

　위험감수성은 새로운 사업에 대한 성공 확신이 없을지라도 위험을 감수하고 과감하게 행동에 착수해서 새로운 사업기회를 포착하는 능력을 의미한다. 위험감수성은 불확실한 비즈니스 환경에서 성과를 내기 위해서는 필수 불가결한 요소이다. 구슬이 서 말이라도 꿰어야 보배다. 다른 분야도 마찬가지지만 비즈니스에서의 가치는 행동을 통해서만 실현된다. 어떤 사업 아이디어든지 실제 사업이 진행되기 전까지는 그 누구도 성공을 100% 보장할 수 없다. 현실에서 검증받는 것 외에는 그 사업이 진정으로 가치가 있는 것인지 누구도 확신할 수 없는 것이다. 대부분의 아이디어는 시장에서 검증받고 난 후에야 그 가치가 명확해진다. 많은 사람들이 성공한 기업이나 사업 아이템을 보면서 '아! 저건 내가 예전에 생각했던 것인데…'라고 생각한다. 하지만 아이디어 자체는 아무런 가치를 창출하지 못한다. 내재된 위험을 감수하고 역경을 극복하는 창업가적 행동을 통해서만 아이디어가 실제 가치로 전환되는 것이다.

　보통 우리들은 다른 사람들의 창업성공담을 들을 때면 화려한 성공의 결과에만 주목한다. 그렇기 때문에 창업 성공을 창업자의 남다른 재능이나 주변의 도움, 혹은 천운 때문일 거라고 지레짐작하여 부러워하지, 그 창업자가 사업의 성공을 위해 얼마나 어려운 과정을 극복해 왔는지에 대해서는 그다지 신경 쓰지 않는다. 창업은 기본적으로 위험과 어려움의 연속이다. 창업이라는 것 자체가 창업자가 이전에는 경험하지 못한 새로운 세계에 진입하는 것이기 때문이다. 하버드 대학교의 아이젠버그 교수는 그의 저서 '하버드 창업가바이블'에서 위험을 감수하고 수많은 역경을 경험하고 극복하는 것이 창업가 정신속에 내재되어 있는 본질이라고 말하고 있다. 창업자가 생각하는 아이디어의 가치와 시장의 수용도 간의 격차가 크면 클수록 이러한 어려움은 더욱 커진다. 사업을 구상하고 이를 하나씩 실현시켜 나가는 전 과정에서 예상치 못한 난관에 부딪치고 수많은 시행착오를 겪는다. 투자자금을 확보하기 위해서는 사업의 성공가능성에 잔뜩 의심을 품고 있는 투자자를 설득해야 한다. 우수한 인력을 설득해 아직 모든 것이 불확실한 창업기업으로 끌어들여야 하고, 시장에서는 자금과 경험이 풍부한 경쟁자와 싸워야 한다. 창업가에게 이 모든 과정은 처음 겪는 것이기 때문에 어려움은 배가된다. 창업을 한다는 것은 이 모든 어려움을 기꺼이 받아들이고 감수한다는 것을 의미한다.

진취성

진취성은 창업가들이 시장 내의 경쟁자에 대해 적극적인 경쟁의지를 갖고 시장 내에서 지위를 바꾸거나 더 우월한 성과를 내기 위해 직접적이고 강도 높은 수준으로 도전하는 자세라고 할 수 있다. 창업가가 블루오션을 찾고 차별적인 경쟁우위를 갖기 위해서는 새로운 가능성을 예측하고 추구하는 자세가 필요하며 이의 근간이 되는 것이 진취성이다.

진취성은 창업가로 하여금 좀 더 공격적인 경쟁을 감수하도록 한다. 진취성은 경쟁자들보다 한발 앞서 시장변화에 참여하는 적극적인 행동이며 새로운 시장수요에 부응하는 활동이다. 특히 신규 창업기업은 이미 영업 중인 기존 기업에 비해 실패 확률이 높으며 한정된 자원으로 시장에 진입하기 때문에 보다 도전적인 자세가 필요하다.

Part 02

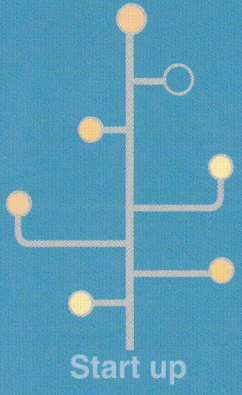

창업의 준비

Chapter 3
창업 아이템

집에서 페인트칠을 한 번이라도 해 본 사람은 알겠지만 페인트를 사서 사용하는 과정은 꽤 불편하다. 깡통에 담겨있는 페인트를 구입하여 사용하려면 일단 단단하게 닫혀있는 뚜껑을 끌개를 이용해 열어야 한다. 페인트를 사용하기 위해 나눠담는 과정에서도 페인트가 흘러 여기 저기 묻기 십상이다. 사용하고 남은 페인트를 보관하는 것도 만만치 않다. 이러한 소비자 불편에도 불구하고 기존 페인트 제조업체에서는 용기를 바꾸려는 노력을 하지 않았다. 산업내의 관성에 따라 기존 용기 스타일을 고수한 것이다. 일반인에게 페인트라는 것은 아주 가끔 어쩌다 사용하는 것이다 보니 사용상의 불편은 크게 문제되지 않는다고 생각한 것이다.

하지만 미국의 페인트회사인 더치보이(Dutch Boy)는 고객이 겪는 이러한 불편에 주목하였다. 사람들이 페인트를 구매할 때 페인트라는 물리적인 제품을 구매하는 것이 아니라 페인트칠을 하는 경험을 구매하는 것이기 때문에 페인트 용기가 주는 불편을 해소해 주는 것만으로도 페인트칠에 대한 소비자 경험이 개선될 수 있다는 점을 간파한 것이다. 그래서 전통적인 용기의 형태를 버리고 과감하게 돌려 따는 뚜껑이 달린 사각형의 용기(twist & Pour paint container)를 도입했다. 새로운 용기를 도입함으로서 페인트를 사용하는 전 과정이 편해졌다. 용기의 형태도 사각으로 바뀌어 진열이나 물류와 관련된 공간효율성을 높아졌고 제품의 라벨을 확인하기도 쉬워졌다. 그 결과 제품이 출시된 후 이 제품의 직판점 수는 세배로 증가하였고 6개월 만에 제품판매량이 세배가 뛰었다. 단순하지만 혁신적인 아이디어로 업계의 강자로 떠오른 것이다.

창업 아이템을 개발하는 과정에서 먼저 명확히 해야 할 것이 있다. 창업 아이템의 개념이다. 아이템이라는 단어의 의미 때문에 흔히 창업 아이템 아이디어를 개발할 때 제품이나 서비스 속성의 차별화에 집중하는 경우가 많다. 고객의 니즈를 충족시키기 위해서는 기존의 제품과는 다른 뭔가 새로운 제품을 만들어내야 한다고 생각하는 것이다. 제조업 분야일수록 이런 경향이 강하게 나타난다. 하지만 창업 아이템을 바라보는 이러한 시각은 혁신적인 사업모델 도출에 오히려 방해가 될 수 있다. 창업아이템을 바라보는 올바른 시각이 무엇인지 알아보자.

창업 아이템이란

앞서 얘기했듯이 제품이나 서비스의 속성을 차별화하는 것이 창업 아이템을 고려할 때 가장 기본적인 접근법이라는 점은 부인할 수 없다. 하지만 창업 아이템에 대해 이렇게 접근하게 되면 창업 아이템의 범위와 가능성을 축소시킬 우려가 있다. 창업 아이템 개발을 제품·서비스의 주요 속성에 대한 차별화로 국한시키게 되면 시장에서 크게 성공을 거둔 다양한 사업의 성공원인을 제대로 설명하기 어려워진다. 크게 성공을 거둔 사업 중에는 제품·서비스의 핵심 속성은 그대로 두고 제품 자체와 큰 상관없는 다른 사업요소를 살짝 바꾸거나 제거하거나 추가하는 방법을 통해 사업모델을 구축한 경우가 많기 때문이다.

　Dell 컴퓨터의 경우에는 취급하는 제품의 속성은 그대로 유지한 채 유통구조의 혁신을 통해 고객가치를 전달하고 새로운 수익구조를 창출한 대표적인 사례이다. 가정용 컴퓨터의 전통적인 유통구조를 보면 먼저 유통업체가 판매수요를 예측하여 제조업체로부터 상품을 매입하는 것으로 부터 시작된다. 유통업체는 매입한 컴퓨터를 매장에 진열하고 매장을 방문한 고객을 대상으로 판매하여 매출을 달성한다. 이 과정에서 유통업체는 여러 리스크를 감수하게 된다. 불확실한 예측을 기반으로 컴퓨터를 미리 매입해야 하며 상품을 진열할 매장을 확보해야 하고 매입한 상품의 일부는 판매가 되지 못하고 재고로 남게 된다. 컴퓨터 분야는 특히 진부화가 빠른 대표적인 업종이다. 그만큼 재고부담의 위험이 크다. 그런데 Dell 컴퓨터에서는 유통경로를 오프라인에서 온라인으로 바꿈으로써 컴퓨터 판매업이 가진 구조적인 위험을 제거하고 추가적인 이익을 실현했다. 사전매입 구조에서 주문제작 방식으로 전환되어 재고 리스크가 감소했을 뿐만 아니라 제품의 인계전에 대금을 먼저 받아 사업안정성이 강화되었다. 유통채널을 바꾸는 것만으로 비즈니스 분야의 금언인 collect early pay late를 실현한 것이다.

　사업 아이템을 모색하고 개발하는데 있어서 가장 큰 원칙은 제품이나 서비스가 고객에게 전달되는 과정에서 차별화된 고객가치를 창출할 수 있는지 그리고 이를 통해 기업이 이익을 향유할 수 있는지 여부이다. 제품이나 서비스가 얼마나 참신하게 디자인되고 차별화된 속성을 가졌느냐가 아니다. 고객가치는 제품이나 서비스를 통해서만 제공되는 것은 아니다. 기업이 고객에게 가치를 전달하는 전 과정이 고객가치 창출에 기여하는 것이다. 그러므로 창업 아이템을 찾을 때는 기업의 가치창출과정과 고객의 구매행동 전체를 고려할 필요가 있다.

고객가치는 차별화와 가격경쟁력을 통해 달성된다. 경쟁제품에 비해 차별화된 가치를 제공하거나 동일한 가치를 제공하고 있다면 가격이 낮아야 한다. 차별화 요인은 무수히 많이 들 수 있으나 일반적이고 중요한 차별화 요인 몇 가지를 들면 다음과 같다.

- **제품속성** : 가장 일반적인 차별화 요인이다. 제품이 가지고 있는 주요 속성을 차별화하여 경쟁력을 확보하는 것이다.
- **브랜드자산** : 브랜드 차별화도 제품의 차별화에 매우 중요한 요인이다. 한번 구축된 브랜드 자산은 그 자체로서 제품이나 서비스의 경쟁력으로 작용한다. 고객 충성도도 높여준다. 많은 기업들이 브랜드 가치를 높이기 위해 노력하는 이유이다.
- **네트워크 규모** : 어떤 사업영역에서는 확보하고 있는 고객의 수가 가장 중요한 차별화 요인이 될 수 있다. 예를들어 '배달

의 민족'과 같은 사이트는 배달이 가능한 식당과 배달을 원하는 고객을 연결해주는 다면플랫폼(MSP)사업인데 이러한 사업의 성패는 확보하고 있는 고객의 수에 달려 있다. 일반고객을 많이 확보하고 있을수록 식당의 가입이 증가할 것이고 반대로 식당을 많이 확보하고 있을수록 고객의 이용이 증가한다. 따라서 이러한 사업에서는 경쟁업체보다 고객을 많이 확보, 즉 네트워크 사이즈를 키우는 것이 가장 확실한 차별화 요인이다.

- **타이밍** : 상황에 따라 다양하게 나타나기는 하지만 제품이나 서비스를 시장에 제공하는 타이밍도 중요한 차별화 요인 중 하나이다. 시장에 먼저 진입하는 경우 시장선점과 브랜드 인지도 확보에 유리하다. 후발주자로 진입할 경우 앞서 진입한 기업의 단점과 약점을 분석할 수 있으므로 혁신에 좀더 유리하기도 하다.
- **입지** : 어떤 경우에는 입지자체가 차별화 요인이 된다. 전국 어디에나 있는 편의점은 손쉽게 접근할 수 있고 24시간 접근이 가능하다는 점이 가장 큰 차별화 요인이다. 할인마트나 수퍼마켓에 비해 상품의 가격이 비싸지만 접근이 편한 입지적인 차별성이 이러한 약점을 상쇄한다.
- **부가서비스** : 제품 자체보다는 부가되는 서비스를 통해서도 차별화 달성이 가능하다. 보통 무형성이 강한 서비스업의 경우에는 유형성을 강화하는 방식으로 차별화를 꾀한다. 병의

원, 법률서비스 등 서비스업종의 경우 눈으로 볼 수 있는 인테리어를 고급화하거나 자격증 등을 전시하는 등의 전략을 통해 소비자 신뢰를 강화한다. 반대로 유형성이 강한 제품의 경우에는 부가되는 서비스를 강화하여 차별화를 꾀한다.

- 제품믹스 : 생산되는 제품이나 판매하는 상품의 구색, 구성을 통해서도 차별화를 달성할 수 있다. 소수의 제품에만 집중하여 가격경쟁력을 높일 수도 있고 제품을 다양화하여 다양한 고객니즈를 모두 흡수할 수도 있다.

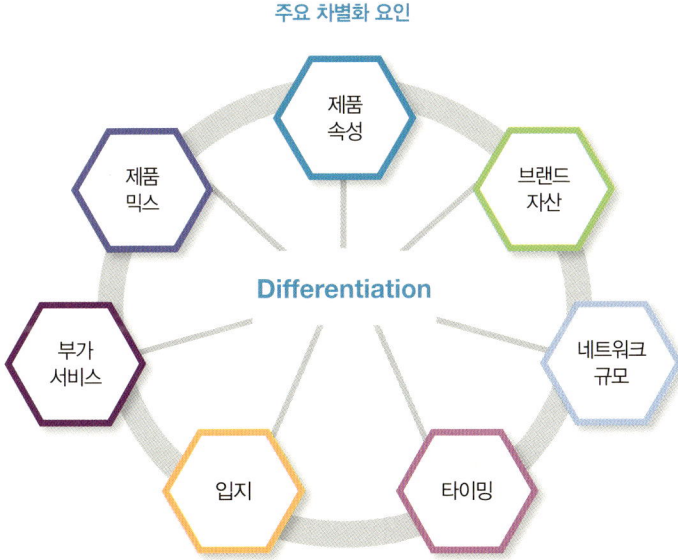

혁신성이 중요하다.

현재의 상황을 변화시킬 필요가 있을 때 보통 혁신을 얘기한다. 기업에서의 혁신은 새로운 고객가치를 제공하기 위해 새로운 지식이나 프로세스를 적용하는 것을 말한다. 창업기업에서 혁신 활동의 대부분은 창업가가 수행한다.

일반적으로 혁신은 새로운 것을 개발하는 연구개발 단계와 상업화 단계로 구분할 수 있다. 연구개발단계에서는 현재의 문제나 필요를 인식하고 새로운 지식을 사용하여 새로운 무엇인가를 만들어내게 된다. 즉, 탐색, 연구, 개발에 해당하는 활동을 하게 된다. 상업화단계는 연구/개발한 것을 구체적인 제품(서비스)으로 생산, 제조, 패키지화, 마케팅, 배급하는 것을 말한다. 상업화는 구상/연구 단계의 아이디어가 시장에서 판매를 위한 제품이나 서비스, 즉 실질적인 고객가치로 전환되는 것을 의미한다. 상업화는 혁신의 내용을 실체적 경제가치로 전환하는 것이기 때문에 비즈니스 분야에서는 특히 중요하다. 아무리 혁신적인 아이디어라도 투자비가 회수되지 못하면 의미가 없는 것이기 때문이다.

이러한 관점에서 혁신이 수익창출에 기여할 수 있는지 판단해보는 것이 중요하다. 일반적으로 혁신활동이 기업의 장기적인 수익창출에 기여하는지를 판단하기 위해서는 모방가능성과 특유자산의 차별성을 검토한다. 모방난이도는 혁신의 내용을 다른 기업이 쉽게 따라 할 수 있는지 여부이다. 혁신이 장기적으로 기업의 수익 창출에 기여할 수 있으려면 모방가능성이 낮아야 한다. 아무리 새로운 시장이고 혁신적인 사업아이디어라도 다른 기업이 쉽게 모방할 수 있다면 그 시장은 금방 레드오션으로 변한다. 치열한 경쟁 속에서는 안정적이고 지속적인 경쟁우위와 수익성을 확보하는 것이 힘들다. 혁신에 애써 투자할 필요가 없는 것이다. 혁신활동에 투입되는 특유 자산의 보유여부도 중요하다. 혁신을 창출하거나 그 가치를 고객에게 전달하는 과정에서 다른 기업이 보유하고 있지 않은 차별화된 자산을 보유하고 있다면 지속적인 경쟁우위와 수익 확보가 용이해 진다.

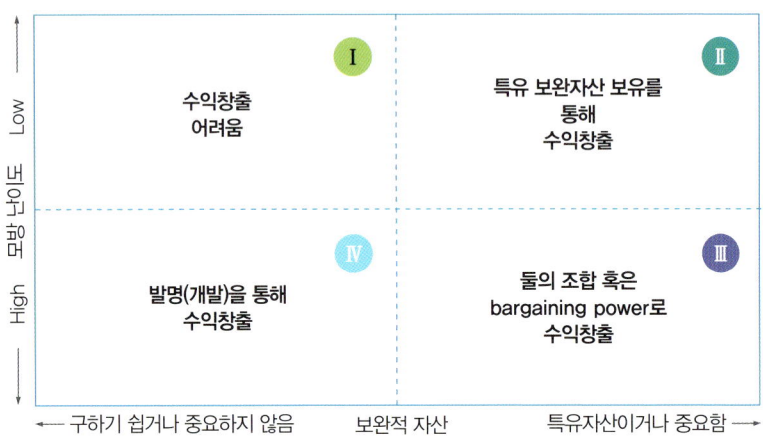

혁신의 수익창출기여도 판단 매트릭스

경쟁이 고도화된 현재의 기업환경에서 기업의 비즈니스가 시장에서 지속적인 경쟁우위와 수익을 확보하기 위해서는 혁신을 위한 끊임없는 노력이 필요하다. 시장은 항상 변화하고 그 변화에 맞추어 혁신하지 않으면 제품이나 기업은 도태된다. 그 자리를 새로운 혁신 제품이나 혁신 기업이 대체한다. 따라서 기존 시장에 새롭게 도전하는 창업자에게 있어서 혁신적 사고는 반드시 필요한 무기라고 할 수 있다.

차별화의 의미

무엇인가를 선택한다는 행위는 기본적으로 비교를 전제로 한다. 여러 대안들 중 하나만 선택해야 하는 상황에서는 어떤 것이 나에게 가장 유리한지 비교할 수밖에 없기 때문이다. 그렇기 때문에 누군가의 선택을 받아야 하는 상황에서 가장 좋은 생존방법은 남과 다른 무엇인가를 가지고 있는 것이다. 비즈니스의 세계에서도 이러한 원칙은 똑같이 적용된다. 시장에는 수 많은 기업이 소비자의 선택을 받기 위해 경쟁한다. 이때 작용하는 경쟁의 가장 기본적인 원리가 바로 차별화이다. 차별화는 소비자에게 자신을 타인과 다르게 인식시키는 것을 말한다. 그렇기 때문에 기업 간 경쟁은 기본적으로 차별화의 과정이며 차별화에 성공하느냐 실패하느냐에 기업의 생존이 달려있다고 해도 과언이 아니다.

그런데 단순히 차별화를 실시했다고 해서 기업의 경쟁력이 강화되고 소비자의 선택을 받을 확률이 올라갈 수 있을 것인가에 대해서는 생각해 볼 필요가 있다[7]. 이를 위해서 우리가 통상적으로 얘기하는 차별화의 개념과 절차에 대해 살펴볼 필요가 있다. 통상적

---

[7] 자세한 내용은 문영미, 「디퍼런트」, 살림Biz., 2011. 참조

으로 차별화 전략의 수립과 시행은 다음과 같은 절차를 밟는다.

- 제품이나 서비스에서 소비자가 중시하는 속성은 무엇인지 파악한다.
- 해당 속성에서 경쟁자가 제공하는 속성 수준을 파악한다.
- 해당 속성에서 경쟁자가 아직 충족시키지 못하는 니즈를 파악하여 속성별 차별화 전략을 수립하고 시행한다.

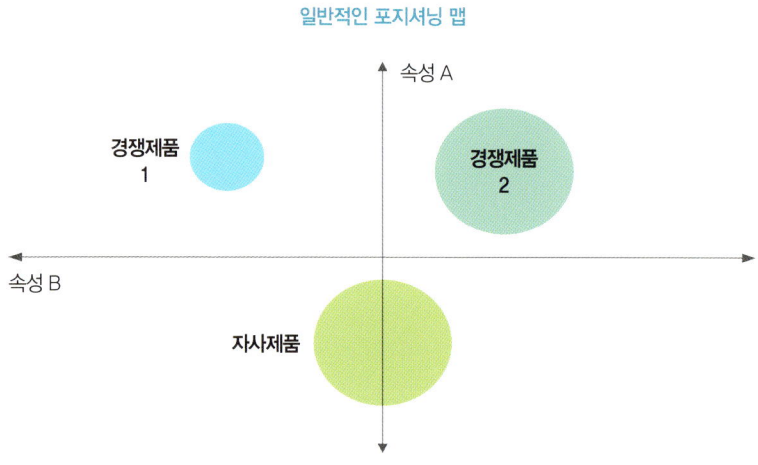

일반적인 포지셔닝 맵

이 과정에서 가장 중요한 단계는 소비자가 과연 어떤 속성을 중요하게 여기고 있는가를 분석하여 전략적 노력을 기울일 속성을 선택하는 것이다. 그러나 이러한 속성분석 및 선택과정에 특별한 원칙은 없다. 소비자 조사 등 계량적인 방법이 동원되기도 하지만 주로 경쟁자의 전략에 대응하여 속성을 선택하게 된다. 차별화의 기본 목적이 경쟁이기 때문이다. 이러한 특성 때문에 시장에서 어떤 속성이 중시 되는 순간 모든 경쟁이 그 속성을 중심으로 이루어지고 모든 경쟁자가 특정 방향으로 몰려 가게 된다. 마치 수능시험 점수를 기준으로 대학합격여부를 결정하겠다고 하면 전 입시생이 수능시험에 매달리다, 내신 비중을 올리겠다고 하면 다시 전 입시생이 모두 내신성적에 목숨을 거는 것과 같다. 이러한 쏠림현상은 경쟁이 치열하면 할수록 더욱 심해진다.

문제는 기업들이 몇 개의 중요한 속성에 집중하여 차별화 경쟁을 벌이게 되면 브랜드의 다양성은 증가하지만 제품 간 차이는 점차 희박해지게 된다는데 있다. 전자제품의 소형화가 중시되는 순간 그 제품 카테고리에서의 차별화 전략의 원리는 소형화가 된다. 경쟁이 진행 될수록 시장에는 다양한 크기의 제품이 출시되고 브랜드의 다양성이 크게 증가된다. 그러나 소비자들은 소형화의 관점에서 개별 제품이나 브랜드를 구별해 내는 것이 점점 힘들어진다. 경쟁이 진행 될수록 제품의 차이가 점차 세밀해지기 때문이다. 이러한 상태가 지속되면 기업 입장에서는 차별화를 위해 더 많은 노력과 투자가 필요하게 되나 기업의 이러한 노력에도 불구하고 고객은 그러한 차이를 지각하기 점점 어려워지게 된다. 당연히 기업입장에서는 차별적인 경쟁우위를 확보하는 것도 이를 통해 높은 수익을 확보하는 것도 어려워지게 된다. 고객도 점차 차별적인 제품을 대상으로 구매의사결정을 하기보다는 제품카테고리 전체에 대한 태도를 기준으로 의사결정을 하게 된다. 마치 철새떼의 군무를 볼 때 새 한 마리 한 마리에 집중하기 보다는 전체 무리의 움직임에 집중하는 것과 같다.

경쟁자가 많아지고 경쟁이 치열해질수록 개별적인 차이파악이 어려워진다.

차별화는 현대의 비즈니스 환경에서 반드시 고려하지 않으면 안 되는 필수적인 사항이다. 창업 아이템을 모색함에 있어서도 가장 기본적으로 고려해야 하는 요소이다. 그러나 차별화의 실현이 반드시 성공을 보장하지는 않는다. 시장과 경쟁상황, 차별화의 정도를 함께 고려해야 한다. 기존에 여러 기업, 제품이 치열하게 경쟁을 벌이고 있는 시장에 단순히 몇 가지 속성을 차별화한 창업 아이템을 가지고 뛰어드는 것은 전혀 바람직한 도전이 아니다. 창업가는 이러한 차별화가 의미 있는 것이고 시장에서 제대로 평가받을 수 있을 것이라고 기대하겠지만 실제 시장에서는 이러한 차별화에 별로 의미를 두고 있지 않을 가능성이 크다.

이러한 관점에서 리틀미스매치의 사례는 시사하는 바가 크다. 2003년 설립된 리틀미스매치의 사업 아이템은 양말이다. 이 회사의 주요 고객은 꼬마들인데, 기존의 경쟁구조와 통념에 도전장을 던져 사업에 성공한 사례이다. 양말이나 장갑, 안경 같은 제품과 관련해서 일반적으로 가지게 되는 통념 중 하나가 한 세트로 짝이 맞아야 한다는 것이다. 사람의 눈, 손, 발이 두 개씩 짝을 이루고 있기 때문이다. 양말이나 장갑은 아무리 새것이라도 짝이 맞지 않으면 그 순간 바로 가치를 잃게 된다. 기존 양말 브랜드는 소재, 디자인, 기능 등을 가지고 차별화 경쟁을 하면서도 이러한 통념에는 아무도 의문을 품지 않았다. 그러나 리틀미스매치는 이러한 통념에 도전장을 내밀었다. 짝이 맞지 않는 다양한 디자인의 양말을 3개, 5개씩 묶어 판매한 것이다. 브랜드네임에도 짝짝이 양말이라는 정체성을 그대로 반영하였다. 그 결과 초반의 예상과 다르게 패션을 중시하는 젊은 층이나 어린이들에게 큰 인기를 끌게 되었다. 고객에게 재미있는 경험을 제공하고 다양한 무늬의 양말을 고르는 재미를 안겨줬다. 기존의 소모적인 차별화 경쟁에서 벗어나 아예 새로운 기준을 만들어낸 것이다.

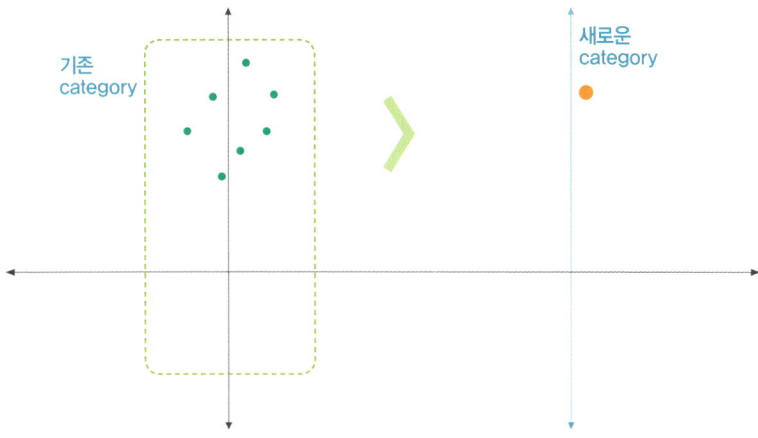

INSEAD 경영대학원의 김위찬 교수와 르네 마보안 교수는 동일한 고객과 목표를 가지고 치열하게 차별화 경쟁을 벌이는 상황을 레드오션이라고 명명하고 기업은 이러한 레드오션에서 벗어나 새로운 시장, 즉 경쟁이 없는 블루오션을 개척해야 한다고 주장하였다[8]. 블루오션을 개척하기 위해서는 기존의 차별화 경쟁에서 벗어나 고객과 기업에게 새로운 가치를 제공해 줄 수 있는 새로운 기준을 제시하는 것이 필요하다고 주장한다. 즉 역발상적인 접근이 필요하다는 것이다. 경쟁력 있는 창업 아이템을 개발하기 위해서는

---

8 자세한 내용은 김위찬, 르네 마보안, 「블루오션 전략」, (주)교보문고, 2005. 참조

이러한 역발상적인 접근이 반드시 필요하다.

때로는 흐름을 거스르는 것도 필요하다.

　차별화와 혁신을 추진할때 중요하게 고려해야 하는 점이 또 하나 있다. 혁신은 우리의 통념처럼 항상 개선되고 향상되고 추가되는 방향으로만 진행되는 것은 아니다. 기존의 것에서 제거하고 후퇴하는 방향으로도 진행된다. 크리스텐센 교수는 이를 파괴적 혁신(disruptive innovation)으로 명명하며 기존의 존속적 혁신과 구분하였다. 존속적 혁신은 기술적으로 성능을 계속 향상시키는 것으로 더 좋은 성능을 원하는 시장을 지향한다. 반면 '파괴적 혁신'은 기존과 다른 새로운 종류의 제품이나 서비스를 도입함으로써 새로운 시장을 창조한다. 이 때 새로운 제품이나 서비스는 고객가치를 실현하는 기능적인 측면에서는 기존의 것보다 더 안 좋다. 다만 기능의 삭제나 축소를 통해 저비용 구조를 실현한다. 파괴적 혁신은 보통 주류(主流)시장의 하위 시장에 자리 잡은 뒤 진화하거나, 주류 시장과는 다른 가치 기준을 제시하면서 새로운 시장을 창출하고 성장하는 것이 특징이다.

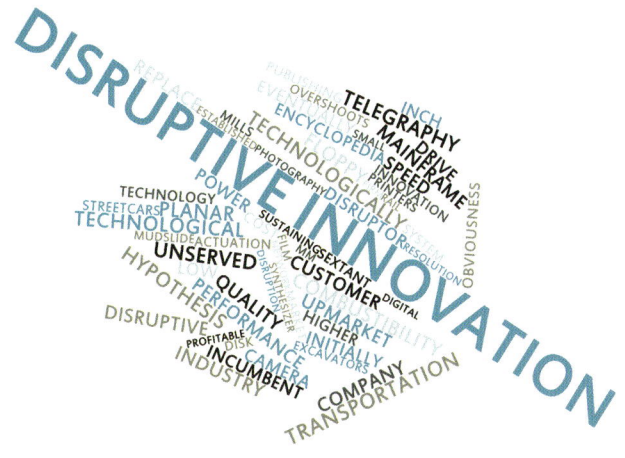

존속적 혁신은 점점 까다로워지는 소비자에게 더 나은 성능을 제공하면서 시장이 인정한 성능의 발전궤도를 존속, 유지시키는 것을 말한다. 남성용 면도기 시장의 경우가 대표적인 예이다. 남성용 면도기 시장은 조금씩 성능개선을 하면서 성장하는 대표적인 시장인데 단순한 외날 면도기에서부터 점차 기능을 개선해 가면서 발전해 왔다. 날수를 증가시키기도 하고 헤드의 움직임, 진동기능의 추가 등 면도의 효율성을 개선하는 다양한 기능을 추가되었다. 현재도 지속적으로 기능개선이 이루어지고 있으며, 이러한 기능개선은 특허 등으로 타 기업이 모방하지 못하도록 철저히 보호한다. 전형적인 존속적 혁신의 틀을 유지하고 있다. 이러한 존속적 혁신 패러다임에서는 기존 기업이 성공할 가능성이 높다. 축적된 노하우로 인해 다음단계의 혁신을 진행하기가 더 용이하기 때문이다.

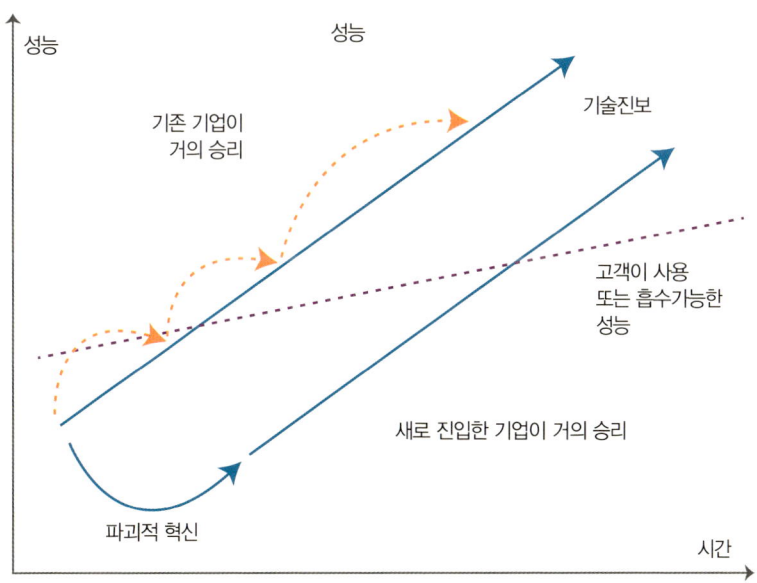

파괴적 혁신의 구조

반면 파괴적 혁신은 주로 기존 시장의 저가제품 수요층이나 하부시장을 겨냥해서 이루어진다. 이런 시장에서 소비자들은 기존 제품의 품질이나 기능이 과다하다고 느끼며, 필요 없는 과다품질이나 기능 때문에 추가적인 비용을 지출하고 있다고 생각하기 때문에 품질이나 기능의 축소에는 개의치 않는다. 소비자가 가격적인 측면을 주로 신경 쓰기 때문에 혁신은 기존에 비해 저렴하면서 단순한 해결책을 제시하는 방식으로 진행된다. 파괴적 혁신에서는 기술적인 측면 보다는 비즈니스모델의 혁신이 중요하다. 새로운 고객의 가치가 기술 외의 요인으로부터 발생하기 때문이다. 이러한 패러다임에서는 기존 시장논리에서 벗어나 제품의 성능을 재정의하고 이를 바탕으로 시장에 접근할 수 있는 신규 기업이 성공할 가능성이 크다.

Chapter 4
창업 아이디어의 원천

쥬라기의 신범 대표는 세계 희귀동물 수출입 및 유통 사업을 한다. 희귀동물들의 먹잇감도 사육해 온라인 쇼핑몰에서 판매한다. 거래처는 인도네시아, 아프리카, 브라질, 멕시코 등지다. 신 대표는 희귀동물 마니아다. 그가 희귀동물을 만나게 된 건 15세였다. 신 대표가 희귀동물 사업을 시작한 건 20세가 되면서였다.

"중학교 때 TV에서 악어를 보고 키우고 싶었어요. 아버지께서 악어를 선물로 사주셔서 집에서 키웠죠. 그때부터 희귀동물들에 관심이 생겨 외국 사이트, 해외 수입 서적 등을 찾아 봤어요. 영어 공부도 그래서 했어요. 그땐 사업까지 할 줄은 몰랐죠."

쥬라기의 희귀동물들은 국내 유명 동물원, 국내 중개업자, 소매점 등에 몇백만원에서 몇 천만원까지 납품된다. 연매출은 약 20억원 규모다. 그는 일본은 이미 희귀동물 사업이 성장세에 들어섰고, 국내에서도 가능성이 보인다고 전망했다. 유명 대형마트들에서 생필품이나 식료품 외 애완용 희귀동물을 전시하고 판매하는 것도 그와 같은 맥락이라는 것이다. 장보는 엄마를 따라 오는 자녀들이 희귀동물에 관심 있어 하기에 마트 측에서도 놓을 수 없는 아이템이라고 설명했다. 실제 지난해 지하철 신당역에서는 희귀동물 전시회가 열렸다. 관람객들이 모여들자 주변에서는 희귀동물 전시사업이 가능성 있다는 평을 한다고 한다.

MK뉴스, 2014.3.16

비즈니스는 다양한 목적을 가지고 수행된다. 경제적인 목적을 가질 수도 있고 사회적 목적, 심지어는 자아실현의 목적을 가질 수도 있다. 이런 다양한 목적 중에서 경제적 목적이 가장 중요하다. 기업과 비즈니스가 지속되기 위해서는 충분한 수익과 이익이 발생해야한다. 수익과 이익이 발생하지 않는다면 비즈니스를 지속할 동력을 잃게 되고 당연히 다른 목적을 추구하는 것도 불가능하게 된다.

기업의 수익은 고객에게 적절한 가치를 제공하는 반대급부로서 발생한다. 따라서 고객에게 적절한 가치를 제공하지 못하거나 고객이 제공된 가치에 대한 비용 지출을 주저하게 된다면 수익실현이 어려워진다. 따라서 모든 비즈니스는 고객을 핵심적인 작동원리로 삼아야 한다. 당연히 창업 아이디어를 얻는 가장 중요한 원천도 고객이다.

소비자욕구 파악이 중요

소비자 욕구는 매우 다양하여 기업에서 소비자의 모든 욕구를 파악하기는 매우 어렵다. 심지어는 소비자 스스로도 자신의 모든 욕구를 정확히 파악하지 못한다. 그렇기 때문에 현재 제공되고 있는 제품이나 서비스는 소비자 욕구의 일부만 충족시키고 있는 것으로 보면 된다. 많은 욕구가 제대로 충족되지 못하고 있는 것이다.

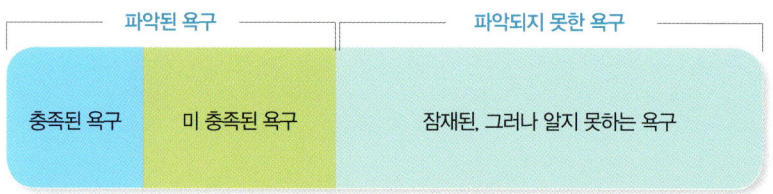

소비자와 니즈의 구조

문제는 이러한 채워지지 않은 욕구, 특히 잠재된 욕구의 파악이 쉽지 않다는 점이다. 기업은 소비자의 채워지지 않은 욕구, 특히 숨겨져 있는 욕구를 파악하기 위해 많은 노력을 기울이지만 일반적인 시장조사를 통해서는 표면적인 문제만 발견할 수 있을 뿐이다. 잠재된 욕구의 파악을 위해서는 고객및 트렌드에 대한 세밀한 관찰과 분석자의 통찰이 필요하다. 겉으로 보기에는 별로 이상할 것이 없는 멀쩡하고 사소한 부분이나 거시 트렌드변화에서도 소비자의 통점(pain point), 즉 잠재된 소비자 욕구의 단서를 파악할 수 있다. 보통 미충족된 소비자 욕구 파악을 위해 중요하게 검토해야 하는 사항은 다음과 같다.

- **가치기준 변화** : 소비자의 가치기준 트렌드에 변화는 없는지?
- **소비의 관성** : 제품 · 서비스의 소비에 관성이 작용하고 있지 않은가?

소비방해 요인은
무엇인가

　소비자가 자신의 욕구를 적절히 해결할 제품이나 서비스를 제대로 알고 있는데도 사용하지 않거나 아예 사용하지 못하는 경우도 있다. 주로 과도한 비용이 들거나 소비를 방해하는 어떤 걸림돌이 있는 경우이다. 소비욕구가 있는데도 불구하고 이를 막는 걸림돌이 있는 경우 소비자의 반응은 두 가지다. 욕구자체를 그대로 방치하거나 욕구해결에는 다소 부족하더라도 소비하기 편한 대체품을 찾는 것이다. 이중 대체품 소비를 통해 욕구를 해결하는 경우를 주목할 필요가 있다. 일반적으로 소비자가 어떤 제품을 사용한다는 것이 그 제품이 욕구를 100% 만족시켜준다는 것을 의미하지는 않는다. 부족하지만 더 좋은 다른 대안이 없어서 어쩔 수 없이 사용하는 경우도 있는 것이다. 주로 소비를 방해하는 요인은 다음과 같다.

- **기술적 제약** : 주로 기술산업 초기 시장에서 발생하며 생산관련 기술의 부족으로 소비가 방해되는 현상이 발생한다. 이 경우 제품·서비스의 가치사슬 과정과 소비과정을 분석할 필요가 있다. 이 과정이 과도하게 길다면 기술과 관련한 제약이 존재하는 신호로 해석해도 된다.
- **경제적 제약** : 소비자의 경제적 수준에 비해 제품·서비스의

가격 수준이 너무 높을 경우 수요는 있지만 소비가 발생하지 않는다. 이런 경우 되도록 경제적으로 여유가 있는 계층보다는 여유가 적은 계층에 주목할 필요가 있다.

- **접근성 제약** : 어떤 경우에는 단순히 공간적, 지리적 제약 때문에 제품이나 서비스에 접근 자체가 안 되기도 한다. 최근 Facebook에서는 인터넷 기반에 대한 투자가 어려워 인터넷혜택을 보지 못하는 저개발국가에 중계기 역할을 하는 드론을 띄워 인터넷서비스를 공급하겠다는 계획을 발표하였는데, 접근성 제약 해결을 통해 사업분야를 개척한 대표적인 사례다.
- **시간적 제약** : 소비자의 시간사용 패턴에 변화가 발생해 소비가 더 이상 일어나지 않는 경우도 있다. 그동안 소비를 해오다 소비를 중단한 경우가 있다면 이때 제품을 소비하고 이용하는 패턴에 변화가 일어난 것은 아닌지 평가해볼 필요가 있다. 특히, 과거구매에 많은 시간과 노력을 기울여야 했던 유통분야에서는 최근 인터넷의 발달로 소비행태가 바뀐 경우가 많다. 유통·서비스 분야에서 이러한 현상이 두드러진다.

과잉충족 상황은 없는가

　소비자는 보통 가격과 품질(혹은 기능)을 비교하고 절충하여 소비를 한다. 되도록 품질이 좋은 것을 원하지만 가격이 지나치게 높지 않은 수준에서 제품을 소비한다. 그런데 간혹 소비자가 기대하는 수준보다 기술개발이 과도하게 이루어지는 경우를 볼 수 있다. 파괴적 혁신의 주창자 크리스텐센 교수는 이러한 상황을 과잉충족상황이라고 명명한다. 과잉충족은 소비자의 추가지출에 비해 품질이나 기능의 만족도가 그리 크지 않은 상황을 말한다. 즉 품질이나 기능이 향상 되는 것 자체는 좋지만 그 대가로 추가적인 비용을 지급할 의사는 별로 없는 상황이라 할 수 있다. 과잉충족을 파악하는데 있어서 주의할 점은 제품이나 소비자에 따라 그 반응이 다양하게 나타날 수 있다는 점이다. 어떤 고객은 개선된 기능에 열광적인 반응을 보일 수 있지만 어떤 고객에게는 그러한 개선이 별 의미 없을 수도 있다. 평균적인 상황이 중요한 것이다. 그리고, 고객이 개선된 상품이나 서비스를 무조건 거부하는 것도 아니다. 다만 그 추가적인 기능에 대한 추가적인 지출을 거부할 뿐이다.

　일반적으로 과잉충족 상황은 몇 가지 통로를 통해 감지할 수 있다. 첫째, 고객의 반응이다. 과잉충족 상황에서 고객은 제품의 품질

등 기술적인 측면에서는 이미 충분히 만족하고 있다. 추가적인 품질 향상이나 기술추가가 있으면 좋지만 없어도 상관없다. 당연히 의사결정의 대상이 가격적인 측면으로 옮겨간다. 같은 품질이라면 더 저렴한 것을 선호하게 된다. 일부 쓸모없다고 생각되는 기능을 없애는 대신 가격이 내려가면 그것을 더 선호하게 된다. 당연히 전반적으로 품질이나 기능보다는 가격에 대한 고객반응이 많이 관찰된다.

둘째, 품질을 향상시키고 새로운 기술을 탑재한 신제품에 대한 시장의 반응이다. 기업입장에서 많은 노력과 투자를 기울여 기능이 향상된 제품을 출시했음에도 불구하고 시장의 반응이 미지근하다면 과잉충족시장을 의심해볼 수 있다. 기업입장에서는 품질향상과 기술개발을 위해 많은 투자를 했으므로 기존의 제품보다 더 높은 가격을 책정하고 비싸게 판매하고 싶지만 시장의 반응이 시원치 않으므로 높은 가격을 유지하기 어렵다. 어쩔 수 없이 출시한지 얼마 되지 않은 제품을 할인 판매하는 현상이 일어난다.

셋째, 시장구조에서 변화가 발생한다. 특정 고객층에서 마진과 가격이 하락하고 저가제품이 시장에 진입하여 점유율을 높이고 있다면 과잉충족상황을 예상해 볼 수 있다.

과잉충족 상황에서 소비자는 이미 지나치게 좋은 품질이나 기능을 제공받고 있다고 인식하므로 기업은 추가적인 기술의 제공보다는 비용을 절감하는데 집중하는 것이 바람직하다. 과잉충족이 발생하고 있다고 판단되면 이전에 중요하게 여기지 않았던 속성이나 측면을 강조함으로써 시장의 기존 경쟁규칙을 전환할 필요가 있는데, 이러한 시도를 통해 새로운 사업의 가능성을 발견할 수 있다.

소니와 닌텐도의 경쟁이 대표적인 사례이다. 소니의 플레이스테이션은 1990년대 말 기존 게임기 시장의 표준이었던 카트리지 포맷에서 벗어나 CD포맷으로 전환하면서 가정용 게임기 시장을 지배하기 시작했다. 닌텐도가 수퍼마리오 등 일부 히트게임을 내놓았지만 소니의 플레이스테이션에 대항하기에는 역부족이었다. CD포맷이 게임의 생산과 유통에 훨씬 유리했기 때문이다. 그 뒤 10년 동안 가정용 게임기시장은 소니의 독무대나 다름 없었다. 상대적으로 큰 시장점유율을 확보하고 있었기 때문에 적은 노력으로도 우수한 게임 타이틀을 많이 확보할 수 있었다. 그런데 문제는 소니플레이스테이션의 게임이 점차 매니악해지는데 있었다. 게임의 완성도가 중시되면서 난이도가 점점 높아지고 그럴수록 초보자들이 접근하기 어려워졌다. 이러한 경향은 휴대용게임기인 PSP에 까지 이어졌는데 이때 닌텐도가 새로운 포터블 게임기 닌텐도DS와 가정용게임기 닌텐도Wii를 선보였다. 이들 닌텐도의 새로운 게임기는 기존의 게임과 달리 단순하면서도 직관적인 게임을 플레이 할 수 있도록 디자인되었고 가족 누구나 손쉽게 이용할 수 있다는 점을 강조하였다. 기존의 완성도와 난이도 경쟁에서 벗어나 누구나 손쉽게 즐길 수 있는 게임의 기준을 새로 제시한 것이다. 그 결과 소니가 장악하고 있던 게임기시장에서 닌텐도는 새로운 강자로 떠오를 수 있었다.

트렌드의
변화를 읽자

사업 아이템을 개발하기 위해 소비자가 지금 어떤 욕구를 가지고 있는지 파악하는 것이 중요하긴 하지만 너무 현재의 소비자에만 집중하다보면 거시적이고 장기적인 시각을 잃기 쉽다. 사업의 지속가능성을 확보하기 위해서는 현재의 시장성뿐만 아니라 미래의 시장성도 확보하여야 한다. 미래의 시장성 확보를 위해서는 미래의 고객과 시장이 어떻게 변할 것인가에 대한 창업가의 통찰이 필요하다. 트렌드 분석은 창업자로 하여금 산업이나 시장, 고객의 변화방향에 대한 장기적인 시각을 가질 수 있게 하고 이를 기반으로 새로운 사업을 찾아낼 수도 있도록 도와준다.

트렌드는 우리가 살고 있는 생활세계의 복잡한 현실을 모아서 간단한 패턴으로 재구성한 것이다. 일반적으로 과거, 현재, 미래가 복합적으로 포함되어 있기 때문에 이를 통해 가까운 미래에 일어날 사회 각 분야의 움직임을 미리 예측할 수 있다. 트렌드 분석은 소비자 니즈의 파악도구가 되며 새로운 비즈니스 모델을 구축하고 평가하는 도구가 되기 때문에 창업준비단계에서는 특히 중요하다.

트렌드 분석의 대상과 방법에 정형적인 틀은 존재하지 않는다. 사회, 경제, 기술, 환경 등의 거시요인을 대상으로 하기도 하며 특정 산업, 업종, 소비자 등 미시요인을 대상으로 하기도 한다. 거시요인이나 미시요인 자체를 분석하기도 하고 환경요인과 산업요인을 같이 엮어 시사점을 도출하기도 한다. 하지만 새로운 사업 아이템의 도출이라는 관점에서 트렌드 분석은 다음과 같은 절차로 수행하는 것이 효과적이다.

■ **STEP 01 자료의 수집과 분석**

트렌드 분석을 위해서는 다양한 분야에 대한 지속적인 관심과 많은 자료의 수집이 필요하다. 그런데 관심 있게 지켜보는 분야가 명확하게 설정되어 있지 않을수록 자료의 수집범위가 넓어지고 분석이 어려워진다. 수많은 자료에 압도당해 올바른 분석을 할 수 없게 된다. 그러므로 되도록 관심 있는 주제를 선별하고 그 영향요인과 요인 간 상호관계를 중심으로 자료를 수집하는 것이 바람직하다. 자료를 선별하고 취득할 때는 다음과 같은 점을 주의해야 한다.

- **비판적 시각** : 되도록 공신력이 있고 신빙성 있는 자료의 취득이 매우 중요하나 이러한 자료에 대해서도 비판적인 접근이 필요하다. 매스컴이나 정부, 연구소 등에서 발표하는 자료는 특정 시각이나 입장을 반영하는 경우가 많기 때문에 이들 자료만 활용할 경우 올바른 분석이 되지 않을 수도 있다. 학술지나 논문 등을 통해서는 객관적인 정보를 얻을 수 있지만 너무 미시적이어서 포괄적인 지식도출에는 어려움이 있다.
- **객관적 시각** : 트렌드 분석을 위해서는 일단 사고를 초기화해 어떤 편견이나 프레임에 갇히는 것을 경계하여야 한다. 인간의 인지과정은 비합리적이다. 대부분의 인간은 현실을 있는 그대로 보는 것이 아니라 자신과 관련이 있고 보고 싶어 하는 것만 본다. 따라서 현상을 있는 그대로 볼 수 있는 객관적 시각을 갖도록 노력해야 한다.

■ STEP 02 분석의 틀을 마련한다

현실의 모든 세계는 시스템적으로 연관되어 상호작용을 한다. 생태계뿐만 아니라 비즈니스 세계도 마찬가지다. 1차 산업과 2, 3차 산업은 독립적인 것이 아니라 상호 연계되어 있으며, 한 분야의 변화가 다른 분야에 연속적으로 영향을 미친다. 트렌드도 이와 마찬가지로 상호작용한다. 기술 트렌드의 변화는 환경 트렌드를 변화시키고 소비 트렌드를 변화시킨다. 소비 트렌드는 경제 트렌드와 소비자가치 트렌드를 변화시킨다. 따라서 트렌드 분석을 함에 있어서 가장 중요한 원칙은 복합적이고 통합적으로 생각하는 것이다.

트렌드 분석의 틀 사례

영향요인 분석
- S Society 사회트렌드
- T Technology 기술트렌드
- E Economy 경제트렌드
- E Ecology 환경트렌드
- P Politics 정치트렌드
- V Value 가치트렌드

핵심요인 도출
- S Society 아동비만 / 성인병
- E Ecomomy 경제의 글로벌화
- E Ecology 열대우림 파괴
- P Politics 공정무역

초콜릿의 미래를 분석할 경우

관련성 판단
- 해당 상품 / 산업의 활동도표
- 영향요인 및 주체와 연계하여 분석

A → B → C

A 주체 → A, C
D → A → B
C → B 주체

■ **STEP 03** 핵심트렌드를 도출한다.

현재까지 수집된 자료·분석을 기반으로 미래예측의 기반을 마련한다. 즉 핵심 트렌드를 추출하고 그 특성을 분석하는 것이다. 예측하여야 하는 트렌드의 특성에는 다음과 같은 것이 있다.

- **방향성** : 성장(증가)할 것인가 또는 쇠퇴(감소)할 것인가?
- **변화속도** : 성장(증가)과 쇠퇴(감소)는 어느 정도의 크기로 일어날 것인가?
- **안정성** : 성장이나 쇠퇴가 어느 정도 규칙성을 가지고 일어나는가?
- **주기와 존속기간** : 만약 규칙성이 있다면 주기와 존속기간은 어떻게 될 것인가?

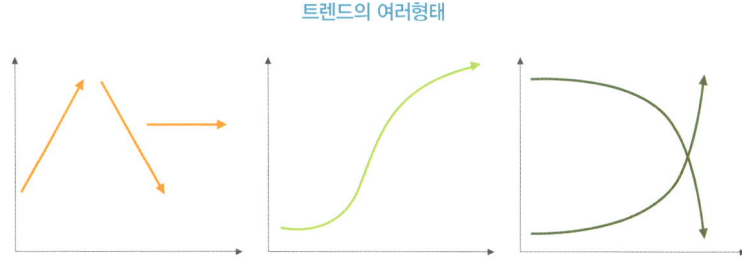

트렌드의 여러형태

핵심 트렌드를 분석하는 단계에서 주의할 점은 트렌드와 유행은 반드시 구분하여야 한다는 것이다. 트렌드와 유행사이에는 일정한 상관관계가 있으나, 트렌드는 일정기간동안 일관된 패턴을 보여 예측이 가능한 반면 유행은 예측이 불가능하고 사업의 장기적인 관점에서 보면 큰 의미가 없는 경우가 많다는 차이점이 있다. 물론 유행에 맞추어 사업 아이템을 구상하고 사업을 추진하여 단기적인 수익을 달성할 수도 있으나 이러한 사업은 장기적인 지속가능성을 확보하기 어렵다.

트렌드와 유행의 차이

트렌드	유행
• 시장이 변하는 일반적인 방향, 즉 개개의 단편적 현상과 상관없이 전체로서 대세를 의미하는 것 • 인구통계, 가치관, 태도, 생활양식, 기술변화 등 시장전반에 광범위하고 점진적 변화	• 시류를 쫓는 대중문화나 대중매체가 주로 선도 • 짧은 기간에 폭발적으로 성장했다 사그라지는 현상
• 소비자들이 물건을 사도록 만드는 원동력, 즉 심리적 동기에 관한 것	• 제품 자체의 변화
• 사회적인 토대 기반이 존재	• 사회적 토대기반 없음
• 비교적 예측이 가능하며, 인간의 삶의 전반에 영향을 미침	• 유행자체는 예측이 불가능하고 사회, 경제, 정치적으로 큰 의미가 없음

■ **STEP 04** 트렌드의 효과를 분석한다

핵심적인 트렌드가 도출되었다면 다음은 그 결과가 의미하는 것이 무엇인지 분석하는 과정이 필요하다. 즉, 그러한 트렌드 변화의 잠재효과는 무엇인지, 다른 분야에 어떻게 영향을 미칠지를 분석하고 그러한 변화 속에서 진짜 중요한 것은 무엇인지 평가를 하는 것이다. 이러한 과정을 통해 미래에 기업의 최우선 과제는 무엇인지를 도출해 낼 수 있다.

예측되는 모든 미래현상이나 트렌드가 동등한 수준의 중요성을 가지는 것은 아니다. 어떤 변화는 너무 장기간에 걸쳐 변화가 일어나거나 변화의 폭이 좁아 기업의 전략적 대응이 필요 없는 경우도 있고 어떤 경우는 단기간 내에 대규모 변화를 야기하기 때문에 반드시 대비해야 하는 경우도 있다.

■ **STEP 05** 시나리오를 구성하고 기회를 포착한다.

앞으로 다가올 일을 예측하고 그 효과까지 알게 되었다면 그 내용을 좀 더 직관적인 형태로 정리할 필요가 있다. 단순한 트렌드 분석은 추상적이고 모호한 경우가 많기 때문이다. 새로운 기회를 찾기 위해서는 추상적인 내용을 좀 더 소비자의 욕구나 쇼핑행태, 이용행태 변화와 연결시켜 구체화 시켜야 한다. 이렇게 트렌드 분석의 내용을 현실세계에 적용시켜 다양한 상황별 시나리오를 작성하는 과정을 통해 새로운 사업기회를 포착할 수 있다.

Chapter 5
창업아이디어 도출

브레인스토밍 방법을 아이디어 창출에 적절히 사용하고 있는 기업이 있다. 아이디오(IDEO)라는 디자인 기업인데, 수십 년간 혁신아이디어 창출의 대명사같이 소개되고 있는 기업이다. 아이디오는 매년 90여개의 신제품을 디자인하고, 지금까지 3,000개 이상의 제품을 디자인하였다. 아이디오는 표면상으로는 제품을 디자인하는 디자인 회사지만 단순한 디자인기업이 아닌 '혁신'을 대표하는 브랜드 파워를 가진 기업으로 알려져 있다. 아이디오는 1991년에 데이비드 캘리 디자인(David Kelley Design), 아이디투(ID Two), 매트릭스 프로덕트 디자인(Matrix Product Design) 세 회사가 합병되어 세워졌다. 새로운 회사의 이름을 위해 사전에서 'ideology'를 찾아냈고, 앞부분의 'ideo'를 따서 지금의 IDEO가 되었다. 아이디오에서는 많은 혁신적인 제품을 디자인했는데 대표적인 것이 애플(Apple)이 출시한 최초의 마우스, 마이크로소프트(Microsoft)의 두 번째 마우스, 팜 V PDA(Palm V PDA), 폴라로이드의 즉석카메라 등이 있다. 아이디오는 새로운 제품 아이디어를 낼 때 브레인스토밍을 중심으로 하는 아이디오의 6단계 프로세스를 사용하고 있는데 그 우수성이 입증되어 많은 기업에서 이러한 프로세스를 도입하여 사용하고 있다.

창업 아이템을 잘 선정하게 되면 창업 성공의 5부 능선을 넘는 것과 같다. 창업에 있어서 성공 가능성이 높은 아이템을 찾아내는 것은 그만큼 중요하다. 하지만 우수한 창업 아이템을 찾아내는 것이 말처럼 쉽지는 않다. 보통 창업자의 직관에 의해 사업 기회가 도출되는 경우가 많은데, 이러한 경우는 창업자의 경험과 관찰, 역량이 내면에서 종합되어 아이디어로 발현되기 때문에 그 도출과정을 체계화시키고 일반화시키기가 어렵다.

일반적으로 체계적인 사업 아이디어 도출 시에 주로 사용하는 방법은 브레인스토밍, 포커스그룹인터뷰, 고객관찰, 전문가 인터뷰 등이다. 이러한 방법의 밑에 깔려있는 전제는 혼자만의 생각보다는 여러 사람의 아이디어가 합쳐지거나 전문가의 의견을 듣는 것이 좋은 아이디어를 도출하는데 효과적이라는 것이다. 그러나 이러한 아이디어 도출방법은 제대로 사용하지 못할 경우 오히려 시장의 프레임에 갇히거나 진부한 생각에서 벗어나지 못하게 하는 단점이 있다. 브레인스토밍의 경우만 해도 브레인스토밍에 참여하는 인원의 자질이나 회의진행 과정에 대한 적절한 통제가 없으면 큰 성과를 기대하기 어렵다. 대부분 장기간의 회의에서 결론에 도달하지 못하고 진이 빠지기 쉽다. 따라서 이러한 아이디어 도출방법은 운용을 어떻게 하느냐에 성패가 달려있다고 할 수 있다.

아이디오 프로세스

1998년 미국 NBC의 나이트라인에서는 아이디오(IDEO)라는 디자인회사의 아이디어 창출 방법을 특집으로 소개한 적이 있다. 슈퍼마켓에서 이용할 수 있는 쇼핑카트 디자인을 5일만에 만들어 보라는 과제를 주고, 어떤 방식으로 아이디어를 도출하고 제품을 개발하는지를 밀착 취재한 내용이다. 과제를 부여받고 새로운 제품 아이디어를 도출하는 과정을 기업의 문화와 함께 보여주고 있는데, 아이디어의 도출 과정이 굉장히 짜임새 있다. 이 프로그램이 방송되자 문의전화 때문에 한 동안 NBC 뉴스데스크가 마비되었다고 한다. 이후 아이디오(IDEO)의 아이디어 도출방법은 혁신적인 아이디어를 도출하는 표준적인 프로세스로 자리 잡았다. 아이디오(IDEO)의 아이디어 도출 방법론은 디자인 측면의 방법론이라는 한계에도 불구하고 새로운 사업 아이템을 찾는 기업에 많은 시사점을 제공하고 있다. 따라서 아이디오(IDEO)의 아이디어 도출 방법론을 소개하고자 한다.

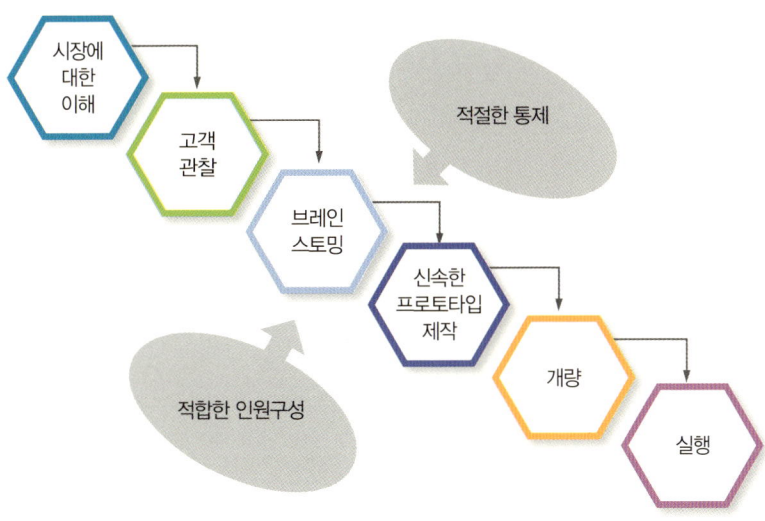

아이디오의 아이디어도출 프로세스

시장, 고객, 기술에 대한 이해

새로운 사업 아이디어 도출은 특정 산업이나 업종의 시장구조, 고객특성, 기술적 특성을 파악하는 것으로부터 시작한다. 새로운 사업에 대한 힌트는 상품특성의 차별화를 통해서 얻을 수도 있지만 시장구조나 고객의 소비트렌드 등의 분석을 통해서도 얻을 수 있기 때문이다. 더구나 시장구조나 고객의 특성에 대한 이해는 어떤 사업이든지 성공을 위한 필수적인 요소이다. 또한 최근과 같이 시장의 기술변화가 빠른 환경에서는 기술적 변화 동향에 대한 사전 지식을 갖는 것도 중요하다. 이 과정에서 SWOT분석이나 STEEP분석 등이 유용하게 사용될 수 있다.

고객에 대한 관찰

아이디오는 "혁신은 눈에서 시작한다"고 이야기한다. 엄청난 성과를 낸 혁신도 작지만 성실하고 정밀한 관찰을 바탕으로 하고 있는데, 결국 '니즈'를 가진 사람들의 라이프스타일(Life Style)을 관찰하는 것이 문제를 해결하는 가장 중요한 열쇠라는 것이다. 아이디오에서는 고객의 경험을 관찰하고 이해하기 위해 심리학자, 인류학자, 사회학자 등이 아이디어 개발에 참여한다. 고객에 대한 종합적인 이해를 위해서는 다양한 시각이 필요하다는 것이다.

신사업 아이템을 개발한다는 것은 결국 시장에서 새로운 사업기회를 찾아내낸다는 것이다. 하지만 시장의 일반 정보는 다른 사람들도 같이 접할 수 있는 정보이기 때문에 동일한 조건에서 차별화된 사업아이디어를 찾아내기 위해서는 실제 고객의 소비행태나 구매행태에 대한 세심한 관찰과 더불어 남들과 다른 역발상적인 접근이 필요하다. 시장 기회의 대부분은 아직 시장에서 충족되지 않고 있는 고객의 욕구를 인식하는데서 시작한다. 이러한 기회요인의 발굴은 다양한 방법에 의해 가능하나 어느 경우든 피상적인 기회가 아니라, 실제 시장기회로 연결될 수 있는 실질적인 기회여부를 파악하는 것이 중요하다.

브레인스토밍

관찰자들로부터 얻어진 자료들을 분석하고 이를 기반으로 아이디어를 브레인스토밍 한다. 매회 한 시간 이상은하지 않는다. 브레인스토밍의 룰은 엄격히 준수하고, 도출된 아이디어는 포스트잇 등을 활용해 모두 한 눈에 볼 수 있도록 벽에 붙여 놓는다. 작은 의견이라도 무시하지 않으며 놓치지 않는다. 뜬금없는 의견이라도 존중하고 최대한 많은 의견이 도출되도록 유도한다. 다만 회의목적을 항상 염두에 두고 원칙이 지켜지는 회의가 되도록 잘 통제한다.

신속한
견본제작 및 검토

　IDEO의 아이디어 도출과정에서 가장 독특한 과정인데, 디자인 회사의 특수성이 반영되어 있긴하지만 창업 아이템을 개발하는 과정에도 많은 시사점을 준다. IDEO에서는 아이디어를 머릿속으로만 생각한다거나 그림으로만 그려 보지 말고, 손으로 만질 수 있고 다른 사람에게 보여줄 수 있는 형태의 프로토타입을 신속하게 만들어 보는 것을 중요시한다. 아이디어를 실체화시켜 모델을 만드는 것은 도출된 해법에 대한 사람들의 시각적 이해를 돕고 결론 도출과 혁신의 속도를 높이는데 도움이 된다. 이외에도 고객경험을 묘사하기 위해 비디오를 만들거나 다양한 고객을 묘사하고 그 역할을 맡아 연기해보기도 한다. 중요한 점은 프로토타입을 만들때는 세세한 것에 신경 쓰기보다는 핵심적인 아이디어를 구현하고 이를 시험해 볼 수 있도록 최대한 싸고 빠르게 만든다는 것이다.

기업의 혁신이나 창업과 관련하여 이러한 프로토타입과 비슷한 개념이 있다. 'fail fast, fail cheap(FFFC)'의 개념이다. 우리말로 번역하면 '빨리 그리고 싸게 실패하라' 정도의 의미이다. 표면적인 의미는 빨리 실패하라는 것이라 의아할 수 있지만 사실 이러한 개념이 부상하게 된 이유가 있다. 혁신이나 창업과 같이 새로운 분야에 도전하는 것일수록 실패할 가능성이 높지만 그만큼 그 실패를 통해 배우는 것이 많기 때문에 실패를 잘 통제하고 관리하여야 한다는 것이 가장 큰 이유이다.

기존 기업이든 창업가든 새로운 것에 도전하는 초기 단계에서는 당연히 시장지식이 부족하다. 시장지식이 많지 않으므로 실패의 가능성이 높다. 이러한 상황에서 보통은 실패의 위험을 줄이기 위해 조사와 분석에 많은 시간과 비용을 투자하게 된다. 실패의 위험을 줄이기 위해 최대한 치밀하게 분석하고 계획을 세워 시장에 진출하려고 한다. 그런데 문제는 아무리 치밀하게 조사하고 분석해도 실패의 가능성이 획기적으로 낮아지지 않는다는데 있다. 새로 경험하는 분야이기 때문에 사전에 아무리 충실히 준비해도 기존에 수행해 오던 분야보다는 실패의 가능성이 높다. 오히려 철저한 조사와 준비를 위해 비용과 시간을 과도하게 소모하게 되면 실패시 기업에 타격이 커지는 역효과가 발생한다. 그러므로 창업과 같이 새로운 분야에 도전하는 경우에는 최소한의 투자를 통해 핵심적인 내용만 개발하여 시장에서 검증받는 것이 바람직하다. 만일 실패하더라도 타격이 크지 않고 그 실패의 경험을 통해 비즈니스모델의 약점과 시장정보에 대해 많은 것을 배울 수 있다는 장점이 있다. fast fail and cheap의 실천적 방법은 다음과 같다.

- **초기 시장실험의 비용을 최대한 낮추자**: 초기 시험적인 시범사업에 많은 비용을 들일 필요가 없다. 조금만 고민해 보면 사업의 핵심적인 사항에 대해 저렴한 비용으로 시장에서 검증하기 위한 방법은 다양하다.
- **시장실험의 순서를 바꾸어보자**: 많은 경우 잘못된 질문에 대한 대답을 얻기 위해 많은 비용을 낭비한다. 시장의 니즈가 어떻게 되는지에 대한 이해 없이 완벽한 기술을 찾는다. 아이디어가 내포하고 있는 전략적 리스크를 우선 평가해보자.
- **의사결정의 속도를 높이자**: 좋지 않은 아이디어인 경우 자금과 시간을 많이 투자하지 않는 것이 중요하다. 좋은 아이디어인지 나쁜 아이디어인지 최대한 빨리 판단하여 불필요한 시간

과 비용이 투입되지 않도록 하여야 한다. 창업초기 한정된 자원을 선택과 집중을 통해 효율적으로 사용하여야 한다.

개량 및 실행

이 단계에 이르면 검토된 아이디어들이 개량되면서 실행가능 한 몇 가지 대안으로 축소된다. 이 단계에 적용할 수 있는 가이드로는 다음과 같은 것이 있다.

- 빠르게 아이디어를 산출해내고 그 안에서 최고의 선택에 집중하라
- 최적의 해답을 찾기 귀해 몇 가지 키 아이디어에 집중하라.
- 고객과 함께 해답을 찾아라.
- 선택은 냉정하게.
- 결과에 집중하라
- 최적의 선택에 도달하라.
- 투자자들의 동의를 얻어라. 높은 위치의 간부가 승인할수록 성공할 확률이 크다.

Chapter 6
보유자원과 수익모델 고려

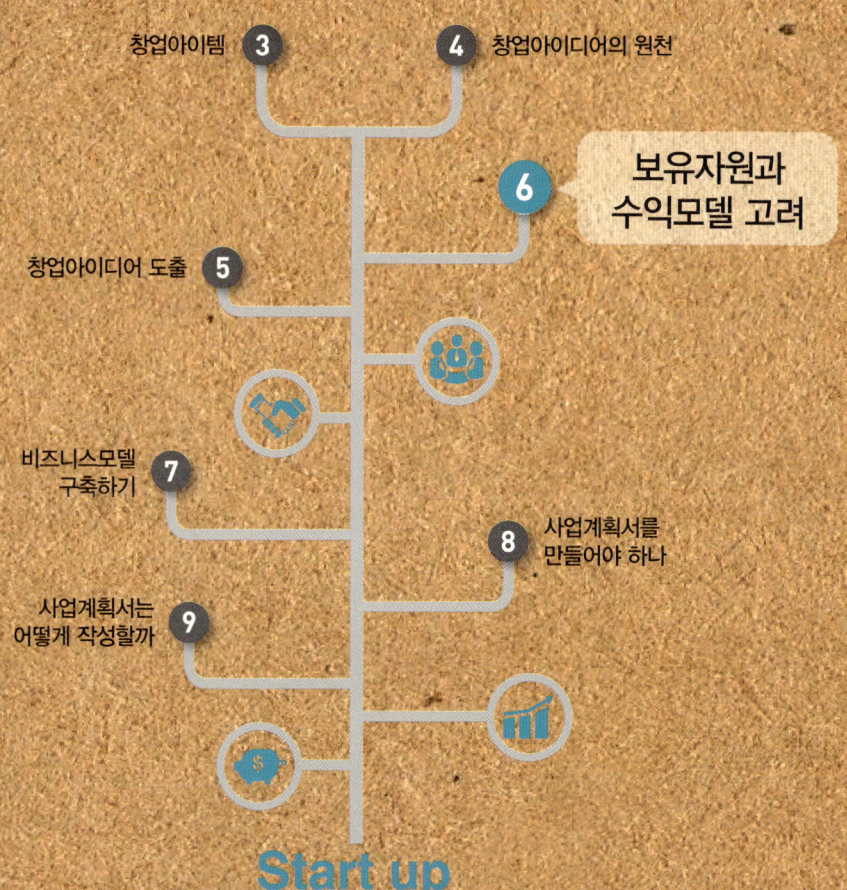

카카오톡은 국내 1위 SNS서비스다. 2010년 서비스가 처음 출시되자 마자 직관적이고 편리한 UI, 시장의 니즈를 빠르게 반영하는 업데이트를 무기로 이용객수를 빠르게 늘려갔다. 2011년말에는 가입자수가 3,000만명, 2012년말에는 6,000만명 이상으로 빠르게 증가했다. 하지만 핵심서비스를 무료로 제공하는 사업모델 때문에 초기에는 수익모델에 대한 의구심이 많았다. 핵심서비스를 무료로 제공하는데, 단순히 광고수익만으로 수익실현이 가능하겠느냐는 의견이 많았다. 하지만 서비스를 출시한지 2년7개월만에 흑자전환에 성공해 이러한 우려를 불식시켰다. 2014년에는 다음과의 합병을 통해 사업의 안정성이 더욱 탄탄해 졌다. 카카오톡 수익모델의 핵심은 빠른 확산을 통한 네트워크효과와 수익모델의 다변화로 요약할 수 있다. 다면플랫폼사업의 핵심은 네트워크효과의 실현여부이다. 카카오톡은 빠른 확산을 통해 우선 네트워크사이즈 측면의 차별화를 실현했다. 일단 확보된 네트워크 사이즈는 다양한 사업의 가능성을 열어주었다. 카카오톡은 '광고수익'위주의 기존 모바일서비스의 수익모델에서 탈피하여 수익모델을 다양화하였다. 검색광고나 플러스친구 등의 광고수익 외에도 모바일커머스, 게임이나 아이콘 등의 콘텐츠 유통사업을 순차적으로 출시하였다. 2015년에는 점차 약화되고 있는 수익성 개선을 위해 콜택시 어클리케이션인 카카오택시를 출시하였고 인터넷전문은행 등 핀테크사업모델도 구상하고 있는 것으로 알려지고 있다.

모든 비즈니스는 적절한 수익과 이익실현을 목표로 한다. 적절한 수익이나 실현이 없다면 사업의 지속가능성도 확보하기 어렵다. 물론 사회적 기업과 같이 재무적인 이익을 목표로 하기보다는 사회적 가치의 실현을 목표로 하는 경우도 있긴 하지만 사회적 기업마저도 안정적인 수익 확보 수단이 없다면 추구하고 있는 사회적 가치의 실현이 어려워진다.

새로운 사업 아이디어의 가장 기본적인 원천은 고객이다. 고객의 욕구와 필요가 사업 아이템의 존재 이유다. 그러므로 고객은 사업의 심장과 같다. 이러한 의미에서 수익흐름이나 수익모델은 동맥과 같은 역할을 한다. 고객의 니즈로부터 나온 사업아이디어는 새로운 사업에 추진동력을 부여하고 적절한 수익흐름은 사업과 기업이 원활하게 작동할 수 있게 한다. 그러므로 어떤 사업 아이템이든 사업 아이디어 구상단계에서부터 어떤 수익모델을 가질 것인가 또 그러한 수익창출을 위해 보유하여야하는 자원이 무엇인가를 파악하는 것은 매우 중요하다. 사업 아이템을 구상할 때 보유자원과 수익모델을 같이 파악하게 되면 창업과정에서 창업가의 활동종류, 활동방법, 활동시기를 더 잘 구상할 수 있게 되고 환경변화의 리스크 속에서 사업의 포지션을 어떻게 해야 하는지 더 잘 이해 할 수 있게 된다.

수익모델에 대한 고려

우리는 일반적으로 새로운 사업을 구상할 때 상품이나 서비스의 판매수익을 중심으로 수익원천을 고려하는 경향이 있다. 그러나 기업 활동을 통해 기대할 수 있는 수익은 제품이나 서비스의 판매를 통한 수익만 있는 것이 아니다. 매우 다양한 수익원천이 존재하고 있으며, 기술발달과 함께 새로운 수익원천이 계속 생겨나고 있다. 하나의 수익원천만 적용하는 경우도 있으나, 최근에는 여러 수익원천이 결합한 복잡한 수익모델도 증가하는 추세이다.

상품판매

상품이나 서비스의 판매로 인한 수익은 기업의 가장 일반적인 수익원천이다. 주로 제품의 소유권을 물리적으로 넘겨주거나 서비스를 제공함으로서 발생하게 되는데 기업이 상품이나 서비스에 가치를 부여하는 활동종류에 따라 수익모델이 다양하게 나타난다.

- **생산 모델** : 기업이 제품이나 서비스를 직접 만들고 이를 판매하는 것으로 가장 일반적인 수익모델이다.
- **가입비 모델** : 특정 서비스에 대한 지속적인 접근 권한을 고정 요금을 받고 판매하는 것이다. 서비스 이용여부 및 이용량과

상관없이 일정한 비용이 발생하는 것이 특징인데, 피트니스 클럽의 회원권이나 게임 사이트에 대한 이용 권한 등이 대표적인 사례이다.

- **사용수수료 모델** : 특정 서비스를 사용하는데 대한 요금을 부과하는 것은 가입비 모델과 유사하나 요금이 서비스의 사용량에 따라 달라지는 것이 다르다. 대표적으로 전화나 호텔, 포장이사 등을 들 수 있다. 이러한 서비스들은 대부분 이용시간이나 이용량에 따라 요금이 달라진다.
- **재판매 모델** : 기업이 제품이나 서비스를 매입하여 이윤을 남기고 재판매함으로써 발생하는 것으로 대부분의 유통기업의 수익모델이 이에 해당된다.
- **수수료 모델** : 여러 거래자 중간에서 중개 서비스를 함으로서 발생한다. 부동산 중개인의 중개 수수료 뿐만 아니라 신용카드 회사의 수익모델도 수수료 모델에 해당된다.

판매 후 서비스

어떤 경우에는 제품의 판매 이후에 지속적으로 유지관리 서비스를 제공해야 하는 경우도 있다. 일반적으로 복잡한 기능의 유지를 위해 계속적인 정비가 필요하거나 부품 등을 계속 교환해야 하는 제품이 여기에 해당 된다. 이러한 제품의 경우에는 제품의 판매 외에도 유지관리 서비스가 또 하나의 수익 원천이 될 수 있다. 심지어 어떤 경우에는 본래 제품의 판매보다 판매 후 서비스가 더 많은 수익을 창출하는 경우도 있다.

GE는 세계적인 제트엔진 제조·판매기업이다. 물론 제트엔진의 판매를 통해서도 막대한 수익을 올리고 있지만 최근 매출 자료를 보면 판매보다는 판매 후 유지보수 등에서 더 많은 수익을 창출하는 것으로 나타나고 있다. 우리나라의 정수기 시장도 대표적인 예이다. 정수기 사업은 외형적으로는 렌탈사업의 형태를 가지고 있지만 수익 모델의 본질적인 특성은 판매후 서비스 모델과 동일하다.

판매 후 서비스와 비슷한 모델로 판매 후 소모품 모델이 있다. 흔히 얘기하는 면도날 모델이다. 일반적으로 일회용 면도기는 몸체와 일회용 날로 구성되어 있는데, 몸체는 반영구적으로 사용할 수 있는데 반해 일회용 날은 계속 교체해 주어야 한다. 면도기 회사에는 몸체의 가격을 비교적 저렴하게 책정하여 고객을 유인한 후 고가의 면도날을 반복적으로 구매하도록 해 수익을 창출한다. 프린터나 커피 메이커 같은 경우도 마찬가지 구조다. 이러한 수익모델이 성립되기 위해 가장 중요한 것은 경쟁회사가 이러한 수익구조에 참여하지 못하도록 진입장벽을 치는 것이다. 면도기 분야의 대표적인 기업인 질레트의 경우 수많은 특허로 자사의 면도기의 모방을 방지하고 있다. 자사의 모델에 호환되는 면도날을 다른 회사에서 만들지 못하게 하는 것이다. 프린터 회사도 마찬가지다. 프린터 본체 판매보다는 비싼 잉크카트리지 판매가 주 수익원이므로 다른 회사에서 공급하는 리필잉크는 자사의 수익모델에 치명타다. 당연히 여러가지 방법을 동원해 이러한 제품이 진입하지 못하도록 방어한다.

간접 콘텐츠 판매

　우리는 TV나 라디오, 신문 등을 볼 때 그 콘텐츠에 대한 대가를 직접 지불하지 않는다. 콘텐츠 제공기업에서는 콘텐츠제공에 따른 수익이 없기 때문에 대신 광고를 통해 수익을 올린다. 콘텐츠에 대한 대가를 소비자가 지불하지 않고 광고주가 대신 지불하게 되는 것이다. 이러한 수익모델을 간접 콘텐츠 판매 모델 혹은 광고 모델이라 한다. 전통적으로 미디어 산업이나 이벤트 업체 같은 곳은 이러한 광고수익에 많이 의존한다. 최근에는 소프트웨어 산업이나 서비스 산업 같은 분야에서도 광고수익 의존도가 증가하고 있다. 스마트폰 등을 통해 공짜 앱을 다운받아 사용해본 경험이 있는 독자라면 여기저기서 뜨는 광고문구 때문에 짜증이 난 적이 있을 것이다. 이런 경우 대부분 앱 개발자가 판매수익 모델 대신 광고수익 모델을 사용하고 있는 것이다.

간접 콘텐츠판매 수익모델은 기본적으로 다면플랫폼(multi-sided platform; MSP) 모델을 기반으로 하는 경우가 많다. 신용카드, 신문, Windows 같은 컴퓨터 OS 등은 모두 다면플랫폼을 기반으로 한 사업모델을 가지고 있다. 다면플랫폼 사업에서는 보유하고 있는 고객의 규모가 중요하다. 어느 한 쪽이든 보유하거나 가입한 고객이 많을수록 반대편의 고객유치가 유리해 진다. 즉 한쪽의 수요가 다른 쪽의 수요에 영향을 미치는 것이다. 사용자가 많아질 수록 그 제품의 가치가 더 올라간다. 이를 네트워크 효과라고 한다. 신문사의 예를 들면 구독자가 많을수록 광고 유치가 쉬워지고 광고수익도 증가한다. 신문사에서 구독자를 늘리기 위해 어떻게 보면 손해일 것 같은 다양한 촉진책을 주기적으로 실행하는 것은 이러한 네트워크 효과를 유지하기 위해서이다.

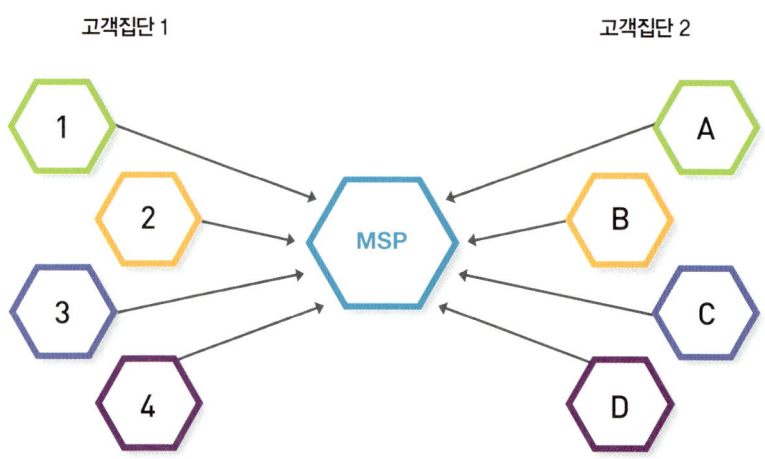

다면 플랫폼 사업의 구조

프랜차이즈

사업아이디어와 능력은 있는데 제품판매를 확대하거나 점포를 확대할 자본이 없는 기업이 많이 채택하는 사업모델이 프랜차이즈 방식이다. 프랜차이즈 본부는 가맹점을 모집하여 상표권, 제품, 영업방식 등을 제공하고 반대급부로 가맹비, 로열티, 상품판매수익 등을 얻는다. 브랜드 인지도가 높은 제품일수록 이러한 수익모델이 효과적이다. 가맹사업자 입장에서도 높은 인지도의 브랜드와 이미 검증된 영업방식 등을 활용할 수 있으므로 사업의 안정성을 높일 수 있다.

가맹본부와 가맹점의 독립성이 유지되면서도 제품, 서비스의 동질성을 유지할 수 있고 가맹본부와 가맹점 간 협업에 의한 시너지 효과를 기대할 수 있다. 소자본 창업의 확산과 안정성 강화에 기여하는 바가 커 최근에는 정부에서도 우수한 프랜차이즈 시스템을 육성하기 위해 많은 노력을 기울이고 있다.

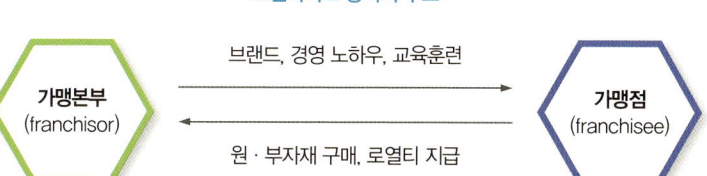

프랜차이즈 방식의 구조

지적재산에 대한 로열티

차별화된 기술을 보유하고 있는 기업은 고객으로 하여금 지적자산을 사용할 권한을 주는 대신 라이센싱료(Licensing Fee)를 받을 수도 있다. 라이센싱을 통하면 상표나 기술에 대한 권리를 보유하고 있는 사업자가 직접 제품을 생산하거나 서비스를 상품화하지 않고도 수익을 올릴 수 있다. 첨단 기술기업이나 미디어 산업에서 많이 사용되는데 미디어산업에서는 콘텐츠의 권리를 보유한 주체가 제3자에게 그 콘텐츠를 사용할 수 있는 라이센스를 제공하고 대가를 받는다. IT분야로 오면 특허료의 규모가 천문학적인 수준으로 증가하는 경우가 많다. 우리나라 이동통신에 핵심기술을 제공하고 있는 퀄컴(Qualcom)의 경우 2013년 기준으로 삼성전자로부터 받은 특허료가 5조가 넘는 것으로 추산되고 있다.

'로열티 왕국' 미 퀄컴, 중국 정부 압박에 흔들… 국내 업체도 법적 대응 검토

AP 분야 세계 1위 업체인 퀄컴은 자사 AP가 들어간 스마트폰 판매가의 약 5%를 특허료로 요구한다. 문제는 이 액수가 워낙 크다는 것이다. 예를 들어 2013년 삼성전자 스마트폰 매출액은 924억220만 달러(약 102조616억 원·시장조사업체 SA 자료)로 매출액의 5%는 약 5조1000억원에 달한다. 한국은 1993년 퀄컴과 공동으로 무선통신 기술(CDMA·코드분할다중접속)을 개발하고 세계 최초로 상용화하면서 내수제품의 경우 판매가의 5.25%, 수출 제품의 경우 판매가의 5.75%를 퀄컴에 지급한다는 계약을 맺었다. (중략) 그런데 최근 중국정부는 직접 나서서 13개월째 퀄컴의 반독점법 위반 혐의를 조사 중이며 곧 그 결과를 발표할 예정이다. 공정거래를 관할하는 중국 국가발전개혁위(발개위)는 퀄컴의 특허료 산정방식 자체가 시장독점적 지위를 남용하는 것으로 보고 있다. 제품 판매가격의 일부를 특허료로 받아가는 방식이 아니라 공급하는 부품(AP)가격만 받아야 한다는 것이다. (중략) 세계 최대 스마트폰 시장인 중국을 포기할 수 없는 퀄컴은 이런 중국의 요구를 받아들일 가능성이 큰 것으로 국제 전문가들은 보고 있다. 퀄컴이 발개위의 요구를 받아들이면 중국 업체가 퀄컴에 지불하는 돈은 50% 이상 줄어든다. 블룸버그는 지난 5년간 중국 업체가 퀄컴에 지불한 특허료가 연평균 6조7000억원에 달한다고 보도했다. 이 금액이 3조~4조원 대로 떨어지는 것이다. (이하 생략)

2014.1.14. 조선일보

보유 자원·역량 파악하기

　기업이 고객가치를 창출하고 이를 통해 적절한 수익을 발생시키기 위해서는 적절한 자원(resource)이 필요하다. 보통 기업이 보유한 자원에는 공장이나 설비와 같은 유형자산, 특허나 브랜드, 고객관계와 같은 무형자산, 숙련기술자나 영업노하우 등과 같은 인적자산 등이 있다. 이러한 자원은 기업의 가치창출에 중요한 역할을 하지만 그 자체가 바로 고객가치 창출과 연결되는 것은 아니다. 자원이 고객가치로 전환되기 위해서는 고객창출 프로세스를 수행할 수 있는 역량이 필요하다. 일반적으로 역량은 위에서 언급한 수개의 자산이 유기적으로 통합, 연결되어 구현된다. 이러한 역량은 기업의 경쟁력을 구성하는 핵심적인 요인이 된다. 따라서 창업기업이 자신의 보유자원을 평가하고 그 결과를 통해 역량을 강화하는 작업은 장기적인 경쟁력 확보를 위해 반드시 필요한 과정이라고 할 수 있다.

　비즈니스의 최대 목적은 수익 창출이다. 따라서 창업기업이 보유하고 있는 자원이나 역량을 평가하는 기준도 수익창출에 어느 정도 기여할 수 있는가에 두는 것이 바람직하다. 이러한 관점에서 보유자원을 평가할 때 유용하게 사용할 수 있는 분석도구가

'VRISA분석'이다. VRISA란 다음의 5가지 분석기준의 머리글자를 딴 것이다.

V	특정 자원이 고객가치 창출에 기여하는가? (value)
R	그 자원은 희소가치가 있는가? (rareness)
I	그 자원을 모방하기 어려운가?(imitability)
S	그 자원을 대체할 수 있는 다른 무엇이 있는가? (substitutability)
A	그 자원으로부터 가치(혹은 이익)가 창출되는가? (appropriability)

참고자료 : Jay Barney, "LookingInside for Competitive Advantage", Academy of Management Executive 9(1995), pp.49-61. D. J. Collis and C.A. Montgomery, "Competing on Resource : Strategies for the 1990s", Harvard Business Review 40(1990), pp.137-135

고객가치 (V : value)

특정 사업의 수익성에 창업기업이 보유하고 있는 자원이 어느 정도 기여하는가를 평가하는 첫 번째 기준은 당연히 고객가치창출에 어느 정도 기여를 하고 있는가이다. 산업이나 제품에 따라 고객이 중시하는 가치가 다르므로 기업의 필요 자원도 기업이 속한 산업이나 취급하는 제품에 따라 다르게 나타나다. 예를 들어 스피커의 경우 소비자는 음질, 디자인 등을 중시한다. 기업의 자원은 당연히 음질이나 디자인 측면에서 소비자 만족을 높이는데 기여할 수 있어야 한다. 따라서 스피커 제조기업은 음질의 개선을 위한 차별적인 R&D역량이나 디자인역량, 제조기술 등을 보유하는 것이 바람직하다. 만일 의약품의 경우라면 필요역량이 달라진다. 소비자는 의약품을 선택함에 있어서 효능이나 신뢰성, 가격 등을 중요시한다. 따라서 의약품 제조 기업은 신약개발을 위한 연구진, R&D, 안전한 제조기술, 체계적인 유통망 등의 역량을 보유하여야 한다.

희소성 (R : rareness)

기업이 보유한 자원이나 역량이 기업의 수익으로 연결되기 위해서는 단순히 고객가치 창출에 기여하는 것만으로는 부족하다. 그 기여가 차별적이고 우월해야 한다. 시장에서 경쟁이 발생하기 때문이다. 기업이 보유한 자원이나 역량의 상대적 가치를 평가하기 위해서 우선 고려할 수 있는 사항은 다음과 같다.

- 기업의 특유자산인가? 특유자산이라는 것은 특허로 보호되고 있거나 독점적으로 자원을 보유한 경우, 모방이 어려운 경우, 기타 타 기업이 보유하지 못한 유형, 무형, 인적자산을 보유한 경우 등을 들 수 있다.
- 다른 기업도 보유하고 있는 자산이라면 자사의 자원이 타사의 것보다 강점이 있는가?

모방가능성 (I : imitability)

기업이 보유한 자원이 희소하고 상대적으로 우위에 있다고 하더라고 장기간 수익을 창출하기 위해서는 경쟁자에 의한 모방이 어려워야 한다. 경쟁우위에 있는 자원이나 역량이 모방되는 순간 기업의 경쟁우위요소가 상실되기 때문이다. 보통 특정 자원이나 역량에 대한 모방을 어렵게 하는 요인으로는 다음과 같은 것 들이 있다.

- **역사·시간적 맥락** : 장기간의 시간 혹은 특정 상황을 거치면서 지속적으로 누적되어 온 자원의 경우 모방이 매우 어렵다. 비슷한 자원이나 역량의 확보에 시간이 소요되기 때문이다. 장기간에 걸쳐 축적된 영업망이나 고객관계 등이 여기에 해당된다.
- **인과관계의 불분명** : 경쟁우위 역량이 한 가지 자원에 기인하는 것이 아니라 여러 자원의 조합과 시너지에 의해 발생하는 경우 경쟁우위 요소를 하나로 특정하여 구분하기가 매우 어려워지는 경우가 있다. 경쟁우위 요소를 명확하게 구분하기 어렵기 때문에 당연히 모방하기 어려워지고 독점적인 경쟁우위를 장기간 보유할 수 있다. 하지만 이러한 경우 스스로도 자사의 경쟁우위 역량을 명확히 파악하기 어려워지므로 장기적이고 효과적인 차별화전략을 추진하기 어려운 역효과가 발생하기도 한다.
- **앞의 성공이 성공을 낳는 경우** : 기업의 앞선 성공자체가 차별

적인 자원이 되는 경우에는 모방이 어려워진다. 일종의 기득권이 생기는 것이라고 할 수 있는데 이러한 경우에는 시장에 새로운 경쟁자가 진입하기 어려워지고 진입한다고 하더라도 경쟁력 확보가 어려워진다. 예를 들어 마이크로소프트의 윈도우즈는 현재 컴퓨터 OS시장을 장악하고 있는데 이 자체가 다음 제품의 성공을 위한 중요한 자원이 된다.

- **침해방지를 위한 전략적 노력** : 어떤 경우에는 경쟁기업의 진입이나 자사 경쟁력 침해 방지를 위한 기업의 전략적 노력이 경쟁자의 모방을 어렵게 하기도 한다. 영업 강화나 광고·홍보의 강화와 같은 전략실행 외에도 특허 등을 통한 방어, 소송 등이 이에 해당한다.
- **자원 간 연결성** : 기업이 보유한 몇 가지 우월한 자원이 상호 연결되어 시너지를 발휘하고 있는 경우에는 이를 단기간에 모방하기 어렵다. 예를 들어 모터를 제조하는 기업이 우수한 제조역량 뿐만 아니라 긴밀하게 연계되어 있는 부품 공급망과 전국적인 A/S망을 보유하고 있고 이러한 요인들이 상호 복잡하게 연계되어 있다면 이를 단기간에 모방하기는 매우 어려워진다.

대체가능성 (S : substitutability)

기업이 보유한 경쟁우위 자원의 모방이 어렵다고 하더라도 다른 자원이나 역량으로 대체될 수 있다면 경쟁우위의 지속적인 유지가 어려워진다. 따라서 특정 자원 혹은 역량이 다른 자원으로 대체될 수 있는지에 대한 평가가 있어야 한다.

이익창출가능성(A : appropriability)

상기 조건을 모두 만족한다고 하더라도 기업의 수익 혹은 이익과 바로 연결되는 것은 아니다. 산업내 경쟁자나 협력업체와의 관계나 협상력에 따라 해당 자원이 수익을 창출하기도 하고 수익을 창출하지 못하기도 한다. 즉, 기업이 보유한 자원을 통한 이익창출 가능성은 코페티터(copetitor)간의 협상력의 함수이다. 기업이 경쟁력 있는 자원을 보유하고 있다고 하더라도 그 자원이 공급자에게 너무 의존한다거나 특정 구매자에게만 필요한 가치를 창출한다면 협상력이 낮아지게 된다. 따라서 기업이 보유한 자원을 분석함에 있어서 특정 자원이나 역량을 둘러싼 코페티터간의 주도권에 대한 분석이 매우 중요해 진다.

보유자원의 경쟁력은 어떻게 평가하나

기업이 보유한 자원이 위의 5가지 요인을 모두 만족한다면 금상첨화겠지만 위의 다섯 가지 요인을 지속적으로 만족시키기는 매우 어렵다. 그만큼 시장 경쟁이 치열하기 때문이다. 보통 다섯 가지 요인 중 일부 요인만 만족시키는 경우가 많은데 어느 요소를 만족시키느냐에 따라 기업 보유자원의 경쟁력이 달라진다.

보유자원의 경쟁력 평가

고객가치	희소성	모방 어려움	대체 어려움	수익 창출가능성	평가
예	예	예	예	예	지속적 경쟁우위
예	예	아니오	예	예	일시적 경쟁우위
예	예	예	아니오	예	일시적 경쟁우위
예	예	아니오	아니오	예	일시적 경쟁우위
예	아니오	아니오	아니오	아니오	동등경쟁
아니오	아니오	아니오	아니오	아니오	경쟁열위

일반적으로 기업의 경쟁우위는 일시적인 경우가 많다. 그러므로 기술, 시장의 변화에 따라 핵심 자원이나 역량을 강화하거나 변경하는 노력이 필요하다. 기업의 경쟁우위가 장기간 지속되기 어려운 이유로는 다음과 같은 것이 있다.

- 대부분의 경쟁우위 요소는 기술발전과 더불어 감소한다. 특히 IT산업에서는 기술의 발달이 빨라 기존 기술의 진부화 속도가 매우 빠르다. 현재 기술적 우위를 확보하고 있더라고 미래에도 기술적 우위를 확보한다는 보장이 없다.
- IT기술의 발달은 정보의 개방과 급속한 확산을 야기했다. 정보 및 기술 접근성이 향상된 것이다. 이는 경쟁자의 증가를 가져왔다.

- 세계화, 개인화, 규제완화 추세가 증가하여 경쟁이 가속화되고 기존의 경쟁우위요소가 감소하고 있다.

창업가 정씨는 이들은 커피에 관한 책이라면 무엇이든 읽었다. 기회가 있을 때마다 커피에 관심이 있는 사람들과 의견을 나누었다. 여러 커피숍에서 커피도 마셨다. 사업에 관한 잡지 기사를 읽거나 점포 자리가 났다는 소식을 듣거나 광고를 보는 등 관련된 일을 접하게 되면 이를 사업에 적용해보고 어떤 효과가 있는지 파악해보고자 했다. 정씨는 먼저 도서관에 가서 커피관련 책이나 잡지를 모두 훑어보았다. 도서관에서 조사하여 사업의 실마리를 잡은 후에는 신문이나 잡지에서 관련 기사를 스크랩하고 인터넷에서 정보를 검색하여 정리했다. 다음으로는 커피업계 사람에게 전화하고 만나고 경쟁업체를 찾아가고 점포를 관찰했다. 이들은 짧은 만남으로도 상당히 많은 정보를 입수할 수 있었다. 이들은 전화번호부를 이용하여 공급업체 10곳과 상점 설비업체 10곳에 전화하고 경쟁업체 10곳을 방문하였다. 이들은 다섯 번의 부정적인 통화 끝에 여섯 번째 통화에서 귀중한 정보를 얻을 수도 있다는 마음으로 전화걸기를 두려워하지 않았다. 정씨는 공급업체들을 방문하면서 무료 커피 제조강좌에서 사업의 여러 가지 비결을 터득했고 유사한 커피 전문점을 운영하는 사람들도 만나 유용한 정보를 얻을 수 있었다. 정씨는 상당한 기간 동안 커피 전문점, 카페, 기타 음식과 관련된 장소를 찾아 다녔다. 또한 관련 문헌을 입수하는 대로 집에 가져와서 연구했으며, 무엇이든 새로운 것이 있으면 항상 먼저 찾아갔다. 정씨가 첫 매장을 개점했을 때 그는 자신의 사업모델뿐만 아니라 경쟁업체에 대해서도 정확히 파악하고 있었다. 또한 생활방식 조차 고객의 생활방식에 맞추었다. 매일 아침 최고의 커피 전문점에 가서 커피를 마심으로써 고객에게 제공할 수 있는 제품을 지속적으로 시각화할 뿐만 아니라 계속 자극을 받아서 활력을 유지했다. 정씨는 형식적인 고객조사는 불필요하며 직접 발로 뛰며 고객의 습성을 연구하고 경쟁업체보다 낮은 가격을 제시할 수 있는 방안을 끊임없이 추구했다

창업 아이디어를 비즈니스모델로 구체화하는 정형화된 절차나 방법론은 존재하지 않는다. 사업 아이디어는 창업자의 경험이나 지식, 시장에 대한 관찰을 통해 직관적으로 도출되기도 하고 브레인스토밍 같은 조직적인 노력이나 개인적인 고민을 통해 도출되기도 한다. 하지만 사업아이디어가 경쟁력있는 사업으로 자리잡기 위해서는 비즈니스모델이 갖추어야 할 구성요소를 모두 고려하여야 한다. 아직 개념에 불과한 사업 아이디어를 하나의 완성된 비즈니스모델로 완성시키기 위해서는 시장조사를 통해 시장자료를 수집하여 타당성을 분석하고 이를 바탕으로 비즈니스모델 구성요소별로 살을 붙여나가면서 점차 정교하게 발전시켜야 한다.

시장조사

보통 사업아이디어는 고객이나 시장에 대한 개략적이고 거시적인 통찰을 기반으로 큰 틀에서 도출된다. 아이디어도출 단계에서 시장의 세세한 내용까지 조사·분석하다 보면 혁신적이고 역발상적인 아이디어가 도출되기 어렵기 때문이다. 세부적인데 집착하다 보면 소소한 것에 발목이 잡혀 앞으로 나아가기 어려워진다. 그러나 일단 사업아이디어가 한두 개로 좁혀지면 산업, 시장, 고객에 대한 세밀하고 치밀한 조사와 분석이 필요해진다. 아무리 좋은 아이템이라도 생각지도 못한 제약이나 약점 때문에 실패할 수 있기 때문이다.

시장조사시 조심해야 할 것은 조사를 너무 피상적으로 진행해도 안 되지만 너무 과도하게 진행해도 안 된다는 점이다. 조사를 너무 피상적으로 진행하게 되면 사업진행에 영향을 미치는 핵심적인 요인을 간과하거나 중요한 추정이나 전략에 오류가 발생할 위험이 있다. 하지만 무작정 세밀한 조사를 진행하게 되면 비용과 시간이 과도하게 투입되고 자칫 자료에 압도되어 큰 그림을 보기 어려워질 위험이 있다. 따라서 시장조사는 빠르고 저렴하게 접근할 수 있는 정보부터 수집하여 사업에서 중요한 부분이 무엇인지 파악한 후, 점차 핵심적인 내용에 대해 세밀하게 조사하는 방식으로 진행하는 것이 바람직하다. 어떤 요인에 대한 조사가 우선되어야 하는지는 사업별로 다양하다. 예를 들어 기술창업의 경우 가장 먼저 할 시장조사는 특허에 대한 검색이다. 창업가가 구상하고 있는 사업이나 기술이 이미 특허 등으로 보호되어 있다면 법적인 문제로 인해 더 이상 사업을 진행하는 것이 불가능하기 때문이다. 이런 경우 고객에 대한 조사나 경쟁자에 대한 조사 같은 것은 전혀 무의미해진다.

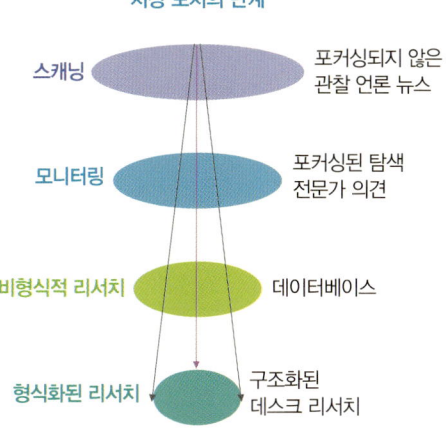

사업아이디어에
살을 붙여 나가자

　개략적인 사업아이디어만 있는 단계에서 한 번에 완성된 비즈니스모델을 구축하는 것은 매우 어렵다. 점진적으로 비즈니스모델을 정교화 하는 것이 바람직 한데 그 첫 단계가 비즈니스모델 스토리 구성이다. 비즈니스모델 스토리는 사업의 목적과 대상고객, 가치 전달의 방법 등 핵심적인 통찰이나 아이디어를 이야기처럼 풀어놓은 것이다. 주변에 이 사업의 구조를 설명한다고 생각하고 핵심적인 내용을 개략적으로 요약하면 된다. 보통 어떤 고객에게, 무엇을, 어떻게, 얼마에 만들어서, 이것을 어떻게, 어떤 조건으로 제공하고,

얼마의 대가를 어떠한 방식으로 청구할 것인지에 대한 내용이 담기면 된다. 즉, 비즈니스모델 구성요인에 대해 개략적인 얼개를 만드는 것이다. 비즈니스모델 스토리를 구성하는데 있어서 고려하여야 하는 사항은 다음과 같다.

- 핵심적인 고객 가치제안은 무엇인가?
- 고객에게 어떻게 접근할 것인가?
- 수익모델은 무엇인가?
- 고객가치를 창출하기 위해 필요한 자원이나 역량은 무엇인가?
- 관계관리가 필요한 coopetitor는 누구인가?
- 시장의 특성은 어떠한가?
- 비즈니스모델의 실행과 관련된 위험요소는 없는가?

비즈니스모델 스토리가 개략적으로 구성되었다면 이러한 내용이 말이 되는지를 평가한다. 스토리를 평가하는 것이므로 자세한 데이터나 치밀한 분석적 기준을 적용하는 것이 아니라 해당 사업구조가 상식적 수준에서 성공 가능성이 있는지를 검토한다. 비즈니스모델 스토리에 대한 타당성 검토는 다양한 분야의 사람들을 통해 수행할 수 있는데, 해당 사업에 대한 전문가의 의견만 구하기보다는 해당 비즈니스에 대해 잘 모르는 사람도 포함하여 가능한 한 다양한 분야의 의견을 구하는 것이 바람직하다. 생각지도 못한 전혀 새로운 시각의 의견이 제시될 수도 있기 때문이다.

비즈니스모델의
구축

비즈니스모델의 개략적인 얼개가 확정되었다면 비즈니스모델의 구성요소를 고려해가면서 점차 정교화하고 여러 대안을 구축한다.

비즈니스모델의 구성요소

비즈니스모델을 구체적으로 구축하기 위해서는 비즈니스모델을 구성하고 있는 요인들을 먼저 알아야 한다. 비즈니스모델은 기업의 수익에 영향을 미치는 요인이 상호 연계되어 있는 틀이다. 구성요소는 연구자에 따라 다양하게 나타나고 있으나 개략 다음과 같이 정리 할 수 있다.

비즈니스모델 구성요소

BM요소	주요 내용
거시환경 경쟁	• 산업특유의 경쟁요인은 무엇인가? 향후 변화가능성 있는지? • 기업은 이러한 산업특유의 경쟁요인을 어떻게 경쟁우위요소로 활용할 것인가? • 기업에 영향을 미치는 거시환경요인은 무엇인가? 향후 변화가능성이 있는가? • 기업은 어떻게 이러한 거시환경요인을 경쟁우위요소로 활용할 것인가?
차별화 핵심 요인	• 산업 내에서 비용 및 차별화와 관련된 핵심 동인(driver)은 무엇인가?

구분	내용
경쟁 포지션	• 제공하는 가치제안은 무엇인가? 경쟁자가 제공하지 못하거나 더 우월한 가치의 제공이 가능한가? • 어떤 세분시장에 어떤 상품을 제공할 것인가? • Coopetitor 대비 포지셔닝을 어떻게 할 것인가?
관련 활동	• 수익창출을 위한 경쟁포지션 확보를 위해 어떤 활동을 해야 하는가? • 이러한 활동체계를 어떻게 저비용, 차별화, 세분시장, 수익원천, 가격 등에 부합되게 조정할 것인가? • 활동에 필요한 자원을 어떻게 확보할 것인가?
자원과 역량	• 기업이 보유하고 있거나 확보하려고 하는 핵심자원·역량은 무엇인가? • 핵심 자원·역량을 통해 창출되는 가치는 수익을 창출할 수 있는가? • 이러한 자원·역량은 타 사업에 대한 확장성이 있는가
변화와 지속 가능성	• 기업이 보유한 활동시스템은 모방가능성이 낮은가? • 경쟁자가 자사의 비즈니스모델을 모방하는 것이 가능한가? • 우려되는 변화(잠재/현시)가 존재하는가? • 변화상황에서 기업은 어떤 활동을 수행할 필요가 있는가? • 변화상황에서 기업은 어떤 자원이 필요한가?
비용 및 수익모델	• 핵심 비용유발 요인은 무엇인가? • 창업비, 연구개발비 등의 비용의 수준 적당한가? • 기업의 생산성은 경쟁력이 있는가? 생산성을 제고할 수 있는가? • 주된 수익원은 무엇인가? 어떤 수익모델을 가질 것인가? • 판매 제품/서비스의 가격책정은 어떻게 할 것인가
계획의 실행	• 비즈니스모델의 실행을 위해 어떤 타입의 인적자원이 필요한가? • 기업이 보유한 인적자원이 비즈니스모델을 실행할 수 있는가? • 비즈니스모델의 실행을 위해 어떤 타입의 구조, 시스템, 프로세스, 조직문화가 필요한가? 기업은 이 모든 것을 보유하고 있는가?

여기서 중요한 점은 비즈니스모델의 구성요소는 다른 구성요소와 상호영향을 주고 받는다는 점이다. 그러므로 구성요소를 통합적으로 조망하면서 조정하는 능력과 기술이 중요하다. 알렉산더 오스터왈더와 예스 피그누어의 '비즈니스모델의 탄생'이라는 책에서는 비즈니스모델의 구성요소를 통합적으로 점검하고 조정할 수 있는 도구를 소개하고 있다. 이를 비즈니스모델 캔버스라고 명명하고 있는데, 비즈니스 모델 전체를 동시에 조망할 수 있다는 매우 훌륭한 도구이다.

비즈니스모델 대안 도출

사업아이디어를 비즈니스모델로 구체화하는 과정에서 구성요소의 조합에 따라 다양한 비즈니스 실행모드가 개발될 수 있다. 비즈니스 환경이나 사업자의 여건에 따라 각 요소별로 여러 가지 옵션을 적용할 수 있기 때문이다. 이중 전체 사업구조에 가장 적합한 몇 가지 대안을 도출한다.

비즈니스 모델 캔버스

Key Partners	Key Activities	Value Proposition	Customer Relationships	Customer Segments
	Key Resources		Channels	

Cost Structure	Revenue Streams

자료 : Osterwalder, Alexander and Yves Pigneur, 「Business Model Generation」

비즈니스 모델의 타당성 검토

개발된 복수의 비즈니스모델 대안을 대상으로 타당성을 검토하고, 이 결과를 토대로 최적대안을 선정한다. 주로 경쟁 측면에서의 비즈니스 모델의 가치를 평가하는 것이 중요한데 비즈니스 모델 자체가 아무리 타당하고 효과적으로 설계되었다고 하더라도 가치는 결국 시장에서 경쟁을 거쳐 실현되기 때문이다.

비즈니스 모델의 타당성은 비즈니스모델의 구성요소를 종합적으로 분석하여 판단하되, 시장의 규모 및 인접 시장으로의 전이 가능성, 유사 비즈니스 모델과의 경쟁가능성, 법제도적 규제 내지 진입장벽의 존재여부 등도 같이 고려할 필요가 있다. 비즈니스모델 타당성 분석에 사용하는 효과적인 툴 몇 가지를 소개하면 다음과 같다.

비즈니스모델의 구성요소별 상충도 평가

비즈니스모델의 구성 요소가 상호 충돌 되지는 않는지 검토한다. 만일 구성요소 간에 충돌이 발생된다면 그 사업은 안정적으로 유지되기 어렵다. 일시적으로 수익창출이 가능할 수도 있지만 내부 모순으로 장기적으로 안정된 운영과 수익창출이 어려워 질수 있기 때문이다.

전략적 적합성 평가

비즈니스모델 구성요소 산출도 평가가 시장경쟁을 고려하지 않은 일종의 백지상태에서의 타당성 평가라고 본다면, 전략적 적합성 평가에서는 전략적 관점 내지 현실적 경쟁력을 반영한 타당성 평가다. 이러한 분석이 필요한 이유는 비즈니스 모델이 그 자체로서 타당성을 확보하고 있다고 할지라도 사업의 환경이나 사업주체의 전략적 필요성 등에 따라 타당성이 달라질 수 있기 때문이다.

수익성 검토

타당성 분석을 통해 최종적으로 비즈니스모델이 구축되면, 수익성검토를 실시한다. 수익성 검토를 위해서는 반드시 수익과 비용을 추정하여 미래 현금흐름을 분석하여야 한다. 수익성 검토 과정에 시간비용의 개념을 포함시키느냐 여부에 따라 할인현금흐름법(Discounted Cash Flow, DCF)과 비할인현금흐름법(Non-Discounted Cash Flow, NDCF)이 사용 가능한데, 일반적으로 수익성 검토는 현재 시점을 기준으로 일정한 미래 시점까지의 기간을 분석하므로 시간 개념이 포함된 할인현금흐름법을 사용하는 것이 바람직하다.

수익성 검토와 관련하여 일반적으로 많이 범하는 오류는 매출은 과도하게, 비용은 과소하게 추정하는 것이다. 이렇게 되면 사업수행을 통해 높은 수익률이 달성되는 것으로 분석되고 창업자는 성공의 환상에 빠지기 쉽다. 1년이면 손익분기점을 달성하고 2년 정도면 안정적인 수익이 창출되어 운영비용을 충당할 것으로 예상하고 모든 재무계획을 거기에 맞추게 된다. 하지만 2년차 3년차에도 손익분기점은 오지 않고 운영비용 충당을 위해 추가적으로 자금을 투입해야 하는 상황이 지속된다. 따라서 수익성은 되도록 보수적으로 분석하고 충분한 여유 운영비용의 조달방법을 미리 구상해 놓는 것이 바람직하다.

Chapter 8
사업계획서를 만들어야 하나

창업자 이상미(가명)씨는 사업 1년 만에 호기롭게 시작한 유아용의류소매 사업을 접어야 했다. 창업실패의 원인으로 사전경험이 없다는 점과 사전 준비 미흡이 지적되었다. 유아용의류 소매업은 브랜드나 유행에 매우 민감한 분야이고 그만큼 경험이나 치밀한 준비가 매우 중요했지만 간단한 사업계획 하나 작성하지 않았다. 창업자는 사업비가 제한적이라는 이유로 임대료 부담이 적은 상점을 우선적으로 물색하여 점포를 골랐다. 유동인구가 적고 주변에 음식점 등이 많은 상권에서 창업한 것이다. 유아용의류는 주 소비자인 젊은 부모세대가 많이 찾는 소매상권의 대로변 상가에 입점하는 것이 바람직한데 이러한 특성을 간과한 것이다. 당연히 고객확보에 어려움을 겪었고 매출이 저조하여 계속 사업을 영위하는 것이 어려워 졌다. 더구나 창업자가 유아용의류를 선택한 이유는 단순히 초기부담이 적게 들고 창업이 손쉽다는 것이었다. 자신이 잘 할 수 있는 것을 선택한 것이 아니었다. 사업자가 선택한 점포 인근에는 대형마트가 영업 중이었다. 그 대형마트에는 이미 유아용 의류매장이 입점해 있어 가격경쟁력 및 제품의 다양성 측면에서 도저히 이길 수 없었다. 또 유아용 의류 부분에서 인터넷 쇼핑 등의 온라인쇼핑의 비중이 증가하고 있는 점도 간과했다. 결국 저조한 영업성과와 고정비지출의 부담으로 인해 자금난이 심해지면서 도매상으로부터 상품을 조달받지 못하면서 충분한 구색을 갖추지 못하게 되었고 이러한 요인은 영업을 더욱 힘들게 했다. 결국 백씨는 경험부족과 사업계획미비로 인해 창업 1년을 못견디고 뼈아픈 실패를 겪게 되었다.

자료 : 기업금융나들목 창업실패사례

실제 창업단계에 있는 창업자들을 보면 의외로 사업계획서를 작성하지 않는 경우가 많다. 특히 이전에 사업경험이 없거나 창업규모가 작은 경우 이러한 경향을 많이 볼 수 있는데 이는 창업자가 사업계획서를 작성할 역량이 부족해서 이기도 하지만 사업계획서를 중요하게 여기지 않기 때문이기도 하다. 하지만 사업계획서는 사업진행 과정에서 발생할 수 있는 여러 위험요인을 사전에 고려할 수 있게 하고 사업에 관련된 외부 이해관계자들의 이해와 협조를 이끌어낼 수 있는 도구가 되기 때문에 반드시 작성하는 것이 좋다.

사업계획서는 대상으로 하고 있는 시장과 사업기회를 명확히 하고 기업이 이러한 시장과 사업기회에 어떻게 성공적으로 접근할 것인가를 밝힌 문서라고 할 수 있다. 따라서 이상적인 사업계획서에는 이러한 목표달성을 위해 사업자가 어떤 자원을 확보하여야 하고 어떠한 종류의 노력을 기울여야 하는지, 그리고 사업추진결과 어느 정도의 성과를 기대할 수 있는지에 대한 내용이 담겨있어야 한다.

창업가의 통찰을
표현하는 도구

　대부분의 창업자나 초보 사업자는 사업계획서 작성을 어려워한다. 사실 완성도 높은 사업계획서 작성방법을 익히기 위해서는 많은 노력과 시간이 소요된다. 풍부한 경험과 역량도 필요하다. 사업계획서 작성이 어려운 경우 외부 전문가의 도움을 받을 수도 있다. 시장에는 사업타당성 분석 및 사업계획서 작성과 관련하여 다양한 형태의 외부 전문가가 활동하고 있다. 외부 전문가는 다양한 전문지식과 경험을 통해 사업계획서를 체계적으로 작성할 수 있도록 도와준다. 사업의 내용과 사업계획서의 활용목적, 내용의 구체성, 작성자의 전문성 등에 따라 수백만 원에서 수 억원에 이르기까지 비용이 다양하다. 혹은 사업계획서 작성을 좀 더 손쉽게 할 수 있도록 도와주는 소프트웨어나 템플릿을 활용할 수도 있다. 이러한 도구들을 활용하면 비교적 저렴한 비용으로 사업계획서의 틀을 갖추는데 도움을 받을 수 있다. 그러나 템플릿이나 소프트웨어 등을 활용한다고 해서 사업계획서의 수준이 보장되는 것은 아니다. 투입된 데이터의 양이나 수준을 뛰어넘는 사업계획서가 자동으로 만들어지지 않기 때문이다. 이들 도구들은 사업계획서의 전반적인 틀이나 작성 단계 등 가이드만 제시하고 있기 때문에 결국 사업계획서의 수준을 결정짓는 것은 투입된 데이터의 양이나 수준, 그리고 사업계획서 작성자의 역량이다.

사업계획서 작성의 기술적인 측면도 중요하지만 사실 가장 중요한 것은 사업 자체의 독창성과 타당성이다. 초기 창업과정에서 대부분의 가치는 창업자 자신과 그 아이디어로부터 나온다. 하지만 그 아이디어는 창업자의 머릿속에 있을 뿐 그 가치를 판단할 수 있는 객관적인 자료로 정리되어 있지 않다. 사업계획서는 그 가치를 문서의 형태로 표현해 내는 것이다.

사업계획서의 중요성

사업계획서는 객관적으로 사업기회와 타당성을 밝히고 사업성공을 위한 최선의 전략을 검토하는 기능을 한다. 대외적으로는 사업의 우수성을 소개하여 투자자를 유치하고 대내적으로는 창업과정의 가이드 역할을 한다. 일반적으로 사업계획서가 수행하는 역할은 다음과 같다.

사업에 대한 소개 및 투자자 유치

사업계획서는 투자자 유치, M&A, 전략적 제휴, Partner relationship 등을 위해 현재 추진하고 있는 사업을 외부에 소개하고 사업에 유리한 관계를 형성할 수 있도록 하는 역할을 한다. 어떠한 사업이든 외부 이해관계자와의 관계에서 벗어날 수 없다. 외부 이해관계자는 사업이 존속하는 한 새로운 사업을 구상하고 착수하는 단계에서부터 다양한 형태로 사업에 영향을 미치게 된다. 사업에 필요한 자본을 투자하는 투자자의 형태가 될 수도 있고 제휴나 파트너십의 형태가 될 수도 있다. 어떤 형태이든 사업과 관련된 이해관계자와 원만한 관계구축을 위해서는 커뮤니케이션과 설득과정이 필요한데, 이때 사업계획서는 핵심적인 역할을 한다.

특히 투자자유치와 관련하여서는 그 중요성은 다시 한 번 강조하여도 부족함이 없다. 어떠한 사업이든 성과를 얻기 위해서는 투자가 필요한데 그 투자금을 자체적으로 모두 보유하고 있는 경우는 없기 때문에 어떠한 형태이든 외부조달이 반드시 필요하다. 외부 조달을 위해서는 해당사업이 충분히 수익성이 있는 사업이며 투자금이나 대여금을 안전하게 회수할 수 있는 사업이라는 것을 설득할 수 있어야 한다. 어떤 투자자가 사업의 기대수익과 위험에 대한 판단 없이 거액을 투자하거나 빌려줄 수 있겠는가? 사업계획서는 이러한 신뢰획득 과정에 중요한 역할을 한다. 사업의 특성과 잠재적인 기회·위협을 적절히 밝히고 미래의 기대되는 수익을 합리적 과정을 통해 설명하는 사업계획서가 없다면 아무리 좋은 사업아이템이라도 외부의 투자를 설득하기는 어렵다.

사업수행을 위한 내부 언어의 역할

사업계획서 작성과정을 거치면서 사업의 목표와 전략, 수행계획 등이 명확해지고 이러한 계획을 기반으로 사업추진의 결과를 좀 더 정확하게 예측할 수 있게 된다. 이러한 점 때문에 어떠한 사업이든 사업추진 전에 사업계획서 작성이 반드시 필요하다. 사업계획서는 기본적으로 경영자와 종업원들, 내부 부서간의 의사소통을 위한 기업의 언어로서의 역할을 한다. 사업계획서를 통해 설정된 목표와 행동계획들은 기업의 구성원이 일사분란하게 행동할 수 있게 하는 나침반 역할을 한다. 창업자들은 이를 통해 달성해야 할 목표와 수행해야 할 업무를 미리 파악할 수 있고 불확실하고 위험한 요소에 대한 준비를 할 수 있다.

대부분의 창업자들이 이와 같은 자체검토용 사업계획서의 필요성을 인지하고 있으나 복잡하고 전문적인 것으로 생각하여 아예 사업계획서를 작성하려고 하지 않는 경우가 많다. 그러나 이러한 대내적 용도의 사업계획서는 엄격한 형식을 요구하지 않기 때문에 기업의 상황에 맞게 수정하여 작성, 이용하면 된다. 만약 구체적인 사업계획 수립이 어렵다면 생각나는 대로 간단히 메모라도 해보는 것이 좋다.

사업전체에 대한 점검

사업계획서의 작성을 통해 창업자가 자신이 하고자 하는 사업을 완벽하게 이해하고, 그에 따라 실천계획을 세워 본다는데 그 의의가 있다. 창업에 앞서 사업계획서를 작성하는 것은 사업을 실제로 시작하기 전에 사업의 전반적인 사항을 조망해 보는 중요한 과정이다. 즉, 사업의 내용과 특성, 시장의 구조적 특성 및 소비자의 특성, 시장 확보 가능성과 마케팅 전략, 생산시설의 입지조건, 생산계획 및 향후 수익전망, 투자의 경제성, 사업에 대한 소요자금 규모 및 조달 계획, 차입금의 상환 계획, 조직 및 인력 계획 등 창업에 관련되는 모든 사항을 객관적이고 체계적으로 작성해 보는 중요한 절차라고 할 수 있다.

창업자는 사업계획서를 바탕으로 계획하고 있는 사업의 타당성 검토를 할 수 있으며, 이를 통해 사업 성공의 가능성을 높일 수 있다. 사업계획서를 통한 계획적인 창업은 창업에 필요한 기간을 단축시켜 준다. 또한 창업에 도움을 줄 제 3자, 즉 동업자, 출자자, 금융기관, 매입처, 매출처, 더 나아가 일반고객에 이르기까지 투자 및 구매에 대한 관심유도와 설득자료로 활용도가 매우 높다.

사업계획서 작성원칙

사업계획서의 목적이나 작성자의 역량에 따라 그 형태나 내용이 다양하다. 투자자를 대상으로 할 수도 있고 내부 계획용으로 작성할 수도 있다. 비즈니스모델의 구조와 강약점 소개를 위주로 내용을 구성할 수도 있고 사업의 성공 가능성을 제시하기 위하여 기간별, 단계별 목표와 실행전략 위주로 구성할 수도 있다. 사실 사업계획서 작성에서 그 틀과 형태는 그다지 중요하지 않다. 사업계획서의 작성 목적에 맞는 내용을 중심으로 구성하면 되기 때문이다. 하지만 사업계획서는 창업자가 구상하고 있는 사업을 소개하고 성공 가능성을 제시하는 것을 목적으로 하고 있기 때문에 몇 가지 원칙은 항상 지켜져야 한다.

실현 가능성

사업계획서는 실현될 수 있는 내용을 담고 있어야 한다. 이를 위해 사업목표를 달성하기 위한 구체적인 수단들이 제시되어야 한다. 사업계획은 전체가 하나의 유기적 조직체와 같이 연결되어 있어서 생산, 판매, 인력, 자금 등에 있어 어느 한 부문이라도 허위로 작성되거나 비현실적인 내용으로 작성된다면 전체적으로 균형 잡힌 사업계획이 될 수가 없다. 각 부문의 목표를 달성하기 위한 기본 목표와 이를 실행하기 위한 세부목표, 목표달성을 위한 조건, 실천방안 등이 일정, 자금 등과 함께 제시되어야 신뢰성이 높아진다. 특히 자금 대출이나 창업투자 지원을 받기위한 사업계획서는 관련기관의 전문가들이 사업계획을 심사하기 때문에 실현가능성이 모호한 내용이 포함된다면 그야말로 사업초기부터 자금조달의 어려움에 직면할 수밖에 없다.

성공의 가능성 제시

사업성공을 위한 계획하고 있는 모든 방법을 충실히 제시하여 사업이 성공할 수 있다는 가능성을 보여줄 수 있어야 한다. 사업이 고려 하고 있는 시장기회는 무엇이고 이러한 시장기회를 성공으로 연결시키기 위해 회사가 보유한 자원, 고객가치, 전략은 무엇인지 충실히 제시하여야 한다. 사업계획서는 기본적인 목적은 본 사업은 성공할 것이고, 우리 기업은 사업을 성공시킬 자격이 된다는 것을 독자에게 설득하는 것이다. 따라서 성공에 필요한 자원과 차별화된 고객가치, 독창적인 전략은 사업계획서에서 가장 중요한 내용이다.

쉽고 이해하기 쉽게

사업계획서는 쉽게 읽히고 이해하기 쉬운 간결한 논리구조를 가지고 있어야 한다. 앞서 언급했듯이 사업계획서의 주요 목적은 사업의 특징을 설명하고 이를 통해 외부 투자를 유치하는데 있다. 그런데 대부분의 투자기관은 수많은 예비 사업자로부터 사업계획서를 받아 검토하기 때문에 사업계획서를 꼼꼼히 살펴보고 검토할 시간이 없다. 사업의 본질이 명확하게 드러나지 않는 모호한 사업계획서는 투자자의 관심을 끌기 어렵고 당연히 이를 통해 투자를 이끌어내는 것은 더더욱 불가능하다. 그러므로 사업계획서를 작성할 때는 간단한 검토만으로도 투자자의 관심을 끌고 사업의 핵심적인 내용을 알 수 있도록 간결하고 명료하게 작성하는 노력이 필요하다. 사업 성공을 위한 핵심적인 사항을 빠짐없이 포함하되 지나치게 서술화하거나 데이터를 나열하여 지루함에 빠지지 않도록 간결하고 깔끔하게 작성하여야 한다. 과도한 분석이나 데이터의 나열로 인해 논리가 모호해지는 것도 피해야 할 사항이다.

투자와 관련된 정보를 충분히

사업계획서에는 투자자가 투자결정에 활용할 수 있는 중요한 정보를 충분히 담고 있어야 한다. 사업계획서의 중요한 목적 중 하나가 투자자를 유치하는 것이기 때문이다. 따라서 투자자가 의사결정을 할 수 있도록 투자와 관련되어 예상되는 결과의 정보를 충분히 담고 있어야 한다. 주로 투자수익률 등과 같은 재무적 성과가 이에 해당된다. 그런데 투자자의 의사결정에서 가장 중요한 요인은 투자수익률일 것이라는 일반적인 인식과는 달리 투자자의 가장 큰 의사결정기준은 투자금의 안정적인 회수가능성이다. 따라서 사업의 기회와 잠재력과 함께 사업의 안정성 측면의 정보도 투자자에게는 매우 중요하다는 점을 명심하여야 한다.

Chapter 9
사업계획서는 어떻게 작성할까

반도체 관련 회사에서 15년간 기술직으로 근무한 경력이 있던 창업가 홍길동(가명, 창업당시 51세)씨는 자신의 경험을 살려 태양전지 관련 기업을 창업하였다. 15년간 동업종 경험을 가지고 있어 관련 지식이 풍부하였고 재직 당시 창업아이템 관련 특허를 3개나 취득하는 등 우수한 기술력을 보유하고 있었다. 그러나 영업과 재무회계 등 관리 분야는 경험도 많지 않고 스스로도 약점이라고 인식하고 있었다. 이를 보완하기 위해 창업하기 전 영업력과 관리능력을 동시에 갖춘 인물을 물색해 창업과 동시에 바로 직원으로 영입하였다.

홍길동씨는 사전 사업계획의 중요성을 인식하고 있었다. 그러나 체계적인 창업교육을 받지 않아 관련 지식이 부족했다. 이를 극복하기 위해 지인인 컨설턴트로부터 사업계획서 작성 방법 및 자금계획 수립방법 등에 대하여 지속적으로 교육을 받았다. 사업계획 수립 시 매주, 매월 단위로 자금 입출금 계획을 세웠고, 중장기 로드맵까지 작성하여 정책자금을 지원 받을 수 있을 정도의 수준이 되었다. 창업하기 전부터 수개의 거래처를 미리 확보하여 사업개시부터 바로 매출로 이어 질 수 있게 만들었다. 치밀한 사업계획서 작성이 창업자금 조달뿐만 아니라 영업, 사업안정성에 도움이 된 것이다.

자료 : 기업금융나들목 창업성공사례

사업계획서를 작성한 경험이 없는 창업자가 백지상태에서 사업계획서를 새로 작성하는 것은 결코 쉬운 일이 아니다. 작성경험이 없다면 사업계획서에 어떤 내용을 어떤 순서로 담아야 하는지 감조차 잡기 어렵다. 머릿속에 여러 아이디어와 계획이 있지만 이를 논리적이고 체계적인 문서의 형태로 풀어내기 어렵다. 그래서 사업계획서 작성 방법을 궁금해 하는 경우가 많다. 그러나 사업계획서의 구조가 이래야 한다는 절대적인 법칙은 존재하지 않는다. 추진되는 사업의 성격이 사업계획서의 활용목적, 심지어는 사업계획서 작성자의 역량이나 성향에 따라 사업계획서의 내용은 다양하다. 단, 잊지 말아야하는 원칙은 사업의 본질을 명확하게 드러내면서도 사업계획서를 읽는 사람이 이해하기 쉽도록 군더더기 없이 간결하게 작성해야 한다는 것이다. 사업의 전반적인 특징과 추진계획, 기대성과 등이 체계적으로 설명되어 있으면서도 쉽게 이해가 될 수 있는 논리와 구성을 가지고 있으면 된다.

다음에 제시하는 표는 일반적으로 요구되는 사업계획서의 구성을 요약한 것이다. 여기서 제시하는 사업계획서의 순서와 작성원칙은 본 사업에 사전지식이 없는 사람에게 사업의 가능성을 소개하고 설득하는 목적으로 사업계획서가 작성된다는 것을 전제로 하고 있다. 당연히 모든 사업계획서의 작성 시 여기서 제시하는 목차를 따라야하는 것은 아니다. 상황에 따라 조정하여 활용하면 된다.

사업계획서의 일반적인 내용구성

목차
Executive Summary
환경 및 기회요인 분석
회사와 제품/서비스 특성, 전략
조직구성
마케팅계획
운영관리계획
재무계획

부록 : 주요 관리인원 이력
　　　마케팅조사 자료
　　　매출예측

목차 및 요약

당연한 이야기지만 사업계획서의 가장 앞에 위치하여야 하는 것이 전체 내용의 구성을 알 수 있는 목차와 요약이다. 보통 사업계획서를 작성할 때 목차 작성은 당연한 것으로 여기면서도 사업계획서의 요약은 아예 작성하지 않거나 작성하더라도 사업계획의 요약이라기보다는 사업계획서 구조에 대한 설명에 그치는 경우가 많다. 본 내용은 많은 노력을 기울여 작성하나 목차나 요약에는 큰 신경을 쓰지 않는 것이다. 그러나 목차나 요약은 사업계획서의 핵심을 정리한 내용으로 사업계획서 작성에서 가장 신경을 써야 할 부분이다.

보통 사업계획서는 투자자 유치를 위해 작성하는 경우가 많은데, 사업계획서를 꼼꼼히 읽고 자신의 사업계획의 우수성을 알아주길 바라는 창업자의 기대와 달리 대부분의 투자자는 사업계획서를 꼼꼼히 살펴볼 시간이 없다. 비슷비슷한 사업계획서를 너무 많이 검토하기 때문이다. 그래서 가장 앞의 목차나 요약만 훑어보는 경우가 많다. 그렇기 때문에 사업계획서의 목차나 요약부분에서 사업의 가능성을 제시하고 투자자의 관심을 끄는데 실패하면 심도 있는 사업계획서 검토가 어려워질 수 있다. 대부분의 투자자는 사업계획서 검토 경험이 많다. 투자자들은 그럴 듯한 말로 포장된 사업계획서를 수없이 보아 왔다. 오랜 투자경험이 있는 고수들은 목차와 요약만 보고도 사업의 전체적인 내용이나 특성을 대충 파악할 수 있다. 그러므로 목차나 요약은 단순히 사업계획서의 전체 구조를 설명하는 소개나 본 설명에 들어가기 전에 작성하는 서문이 되면 안 된다. 반드시 목차와 요약 페이지만 보고도 전체 사업의 특성과 가능성을 파악하고 관심을 이끌어낼 수 있는 내용으로 구성되어야 한다.

환경 및 기회분석

사업계획서의 본문에서는 가장 먼저 사업이 목표로 하고 있는 시장이나 고객의 특성, 그 안에서의 사업기회를 설명한다. 이 부분에서는 현재 시장의 특성, 경쟁여건, 시장의 변화방향 등을 설명하고 그 안에서 본 사업이 주목하고 있는 기회의 특징과 가능성을 설명한다. 현재 시장의 크기와 변화추세, 향후 예상크기 등을 명확히 제시하면서 향후 시장의 잠재력이 클 것이라는 점을 자신 있게 설득하여야 한다.

이때 객관적 자료와 데이터가 매우 중요하다. 이러한 자료와 데이터는 예측과 주장의 신뢰를 높일 수 있다. 그러나 데이터에 핵심적인 주장과 논리가 매몰되지 않도록 주의하여야 한다. 사업계획서를 작성할 때 가장 많이 범하는 잘못이 주장의 근거를 대기위해 근거 데이터와 그래프 등을 과도하게 사용하는 것이다. 근거 데이터나 그래프를 과도하게 많이 제시하거나 지루한 설명을 하는 것은 주장의 논리와 내용을 모호하게 할 가능성이 높다. 데이터를 사용한 장황한 설명 뒤에 '그런데 주장하는 바가 뭔데?' 식의 반응이 나올 가능성이 크다. 그러므로 데이터는 꼭 필요한 부분에만 요약하여 제시하되 이를 주장하려고 하는 논리의 보조 자료로만 사용하는 것이 바람직하다. 구체적이고 복잡한 데이터는 본문에 사용하기

보다는 부록이나 첨부로 제시하는 것이 좋다.

회사, 제품, 전략

이 회사의 추구하는 목적은 무엇이고 이를 위해 어떤 제품을 생산하며, 시장에 접근하는 전략은 무엇인지를 설명한다.

목표

회사가 추구하는 목표가 무엇인지, 성장계획은 어떻게 되는지, 이를 위한 전략은 어떻게 되는지 설명한다.

전략

전략은 차별화와 경쟁우위의 확보 방법에 관한 것이다. 창업기업의 제품이나 서비스가 성공적으로 시장에 진입하고 지속적인 경쟁우위를 확보하기 위한 접근방법과 전략은 무엇인지 설명한다. 전략의 내용은 제품·서비스의 차별화일 수도 있고 채널전략일 수도 있다. 혹은 가격전략일 수도 있다. 중요한 것은 제시하고 있는 전략이 어떻게 고객가치로 연결되고 최종적으로 기업의 수익이나 이익으로 연결될 수 있는지에 대해 명확히 설명을 하여야 한다는 것이다.

창업자나
경영진 정보

아직 실행되지 않은 사업은 가능성 있는 계획이나 아이디어에 불과하다. 창업초기에 가능성을 실체화 시키고 사업을 성공으로 이끄는 것은 창업자의 창업가 정신과 역량이다. 이런 측면에서 대부분의 투자자들은 사업의 핵심적인 성공자산으로 창업자와 경영진을 중요하게 고려한다. 창업자나 경영진이 예전에 어떤 경험을 했는지, 사업을 수행하기 위해 어떤 역량을 가지고 있는지, 부족한 경험이나 역량은 어떤 방식으로 보충하고 있는지에 대한 정보는 사업 가능성에 대한 신뢰를 높이는데 매우 중요한 역할을 한다.

따라서 사업계획서에는 창업자나 경영진의 경험과 역량을 구체적으로 기술할 필요가 있다. 하지만 단순한 이력의 나열이 돼서는 안 된다. 과거의 경험이 현재의 사업과 어떻게 연결되는지, 보유하고 있는 역량이 현재의 사업에 어떻게 기여할 수 있는지를 설명하여야 한다. 단순한 이력의 나열은 사회에 진출하는 사회초년병이 이력서에 어느 중고등학교를 졸업하고 어느 대학교를 졸업하고, 특기는 뭐고, 취미는 뭐고 하는 식으로 나열하는 것과 똑같은 것이다. 이런 이력서는 채용자의 입장에서 보면 아무런 정보를 제공하지 못하고 당연히 그 지원자는 채용되지 않을 가능성이 높다. 구직자가 취직에 성공하기 위해서는 과거 어떤 경험을 쌓았고 어떤 노력을 했고 이런 경험과 노력이 지원하는 회사의 업무에 어떻게 도움이 될지 제시하는 것이 바람직하다. 사업계획서도 마찬가지다. 창업자의 경험과 역량이 사업성공에 어떻게 연결될 수 있는지를 구체적으로 제시해 주는 것이 필요하다.

마케팅 계획

 창업자의 사업 아이템이나 비즈니스모델의 타당성이 인정받고 나면 투자자들이 그 다음으로 관심을 보이는 분야가 바로 마케팅 계획이다. 마케팅이 새로운 사업의 성공이나 실패에 가장 밀접한 활동이라는 것을 알기 때문이다. 새로운 제품이나 서비스의 차별화나 매력이 사업성공을 위한 근본적인 요소이긴 하지만 제품·서비스의 우수성이나 차별성이 바로 성공으로 연결되는 것은 아니다. 제품이나 서비스를 고객에게 연결할 수 있는 적절한 마케팅이 없다면 그 사업은 고객가치를 창출하기도, 시장에서 성공하기도 어렵다. 그렇기 때문에 사업성공을 위한 핵심적인 마케팅활동이 무엇인지 고려하여 사업계획서에 그 내용을 담아야 한다. 마케팅 계획에서는 되도록 다음의 분야에 대해서 명확히 밝히는 것이 좋다.

- 고객의 니즈 및 구매결정 과정
- 세분고객에 대한 효과적인 접근 방법
- 대상고객의 규모, 실현가능 매출
- 적절한 유통방법
- 고객의 가격 민감도
- 고객 확보 및 유지비용
- 경쟁자와의 경쟁우위 전략 및 진입장벽 등

운영계획

　운영계획 부문에서는 실제 사업의 진행계획을 제시한다. 분야별로 어느 시기에 어떤 활동을 할 것인지에 대해 구체적인 실행계획을 제시하는 것이다. 생산-유통-마케팅 등 사업수행의 주요 분야에 대한 구체적인 설계는 사업계획서의 신뢰를 높일 뿐만 아니라 실제 사업수행 시 발생할 수 있는 여러 가지 문제를 사전에 시뮬레이션 해 본다는 의미에서 매우 중요하다.

　운영계획의 내용은 당연히 사업 분야별로 상이하다. 하지만 어떤 사업이든 사업성공을 위해서 핵심적으로 관리해야 하는 분야는 반드시 있다. 예를 들어 제조업 분야라면 원재료나 부품의 조달, 유통채널의 확보와 관리, 생산·재고관리, 작업공정의 문제 등이 중요한 분야일 것이다. 유통분야라면 상품의 구색관리, 출점관리, 재고관리, 마케팅관리, 종업원관리 등이 중요한 분야일 것이다.

이때 주의할 점은 사업성공에 긴밀하게 연결되어 있는 핵심 관리 분야를 선정하는 것이다. 사업계획서에 모든 분야의 운영계획을 구체적으로 제시할 수 없기 때문이다. 실질적으로 사업의 성격이나 성패와 긴밀하게 연결되어 있는 분야를 선정하고 이들 분야에 대해서는 되도록 구체적인 운영계획을 제시하는 것이 바람직하다.

재무계획

최종적으로 사업의 수행이나 그 성과와 관련한 재무제표를 작성하여 제시한다. 재무제표는 기업의 활동결과와 성과를 재무적인 측면에서 정리한 것이므로 비록 추정치이긴 하지만 재무제표가 제시되지 않은 사업계획서는 사업의 예측성과를 제시하지 않는 것과 같다. 재무제표는 주로 손익계산서 재무상태표, 현금흐름표를 제시한다. 재무상태표는 특정 시점의 기업의 재정 상태를 알 수 있게 나타낸 표이다. 재무상태표를 연도 별로 제시하게 되면 연도 별로 기업의 재산이 어떻게 변하는지를 볼 수 있다. 손익계산서는 특정

기간 동안의 기업 영업성과를 정리한 표이다. 특정 기간 동안의 영업결과 어느 정도의 매출과 이익을 달성했는지 알아볼 수 있게 해준다. 현금흐름표는 특정 기간 동안의 기업의 현금의 증감을 영업활동, 투자활동, 재무활동 측면에서 정리한 표이다. 보통 이 세 가지 재무제표는 사업의 타당성을 판단하는 가장 기본적인 도구가 된다. 따라서 재무제표는 현실적이고 구체적으로 작성하여 제시하여야 한다.

보통 사업계획서 작성 시에는 실제 성과가 발생하기 전이므로 재무제표는 여러 가지 가정을 기반으로 추정하여 작성할 수 밖에 없다. 이 과정에서 시장규모와 사업위험을 지나치게 낙관적으로 적용하여 매출 규모나 성장률을 예측하는 경우가 많다. 실제 발생할 가능성이 있는 비용을 고려하지 않거나 누락하는 경우도 있다. 창업가의 자신감이 과도하게 반영되거나 우수한 사업이라는 것을 주장하기 위한 것인데, 그러나 지나치게 낙관적으로 작성된 재무계획은 사업계획서를 검토하는 투자자의 의사결정에 아무런 도움이 되지 않을 뿐만 아니라 오히려 사업계획서 전체의 신뢰도를 저하시키는 요인이 될 수 있으므로 주의 하여야 한다.

사업의 특성을 고려하자

앞에서 제시된 사업계획서의 일반적인 구성 원칙은 사업내용이나 기업특성에 따라 달라질 수 있고 실제로 다르게 작성되어야 효과적이다. 일반적으로 사업계획서의 내용은 사업단계와 제품, 시장 특성에 따라 강조하는 부분이 달라지는 것이 바람직하다. 각 단계별로 추구목표나 관심사가 달라지기 때문이다.

먼저 사업단계는 연구개발 단계, 초기양산 단계, 사업확장 단계로 나눌 수 있는데, 각 사업단계별로 요구되는 전략이나 성공요인이 다르므로 이를 사업계획서에 반영하여야 한다. 연구개발 단계에는 연구를 진행하거나 사업을 구상·추진하는 인력구성이 가장 중요한 성공요인이 된다. 따라서 사업계획서에 인력구성의 경쟁력을 강조하는 것이 좋다. 또한 아직 실현되지 않은 아이디어 단계이므로 이의 실현 가능성을 강조하는 논리도 필요하다. 초기 양산 단계에는 시장 진입의 성공 가능성이 가장 큰 관심사이다. 따라서 제품의 차별적 경쟁력과 새로운 시장으로의 진입을 위한 마케팅 전략 등이 강조되어야 한다. 이러한 마케팅 전략과는 별도로 시설투자를 위한 자금조달계획 등도 강조되어야 할 사항 중 하나이다. 사업확장 단계에는 실질적인 수익률과 안정성 등이 중요하다. 따라서 사업확장에 따르는 예상매출, 수익의 원천, 경쟁구조, 재무상태의 변화 등이 강조되어야 한다.

한편 제품이나 시장 특성에 따라 사업계획서에서 강조되어야 하는 내용도 조금씩 달라진다. 제품은 신제품과 기존제품으로, 시장은 신규시장과 기존시장으로 나눌 수 있는데 이들의 조합에 의해 4가지 케이스를 고려할 수 있다. 각 케이스별로 강조하여야 하는 내용은 다음과 같다.

제품 · 시장 조건별 사업계획서 강조사항

구분		시장	
		신규시장	기존시장
제품	신제품	제품특성 시장형성 가능성	제품 차별성 기존시장분석
	기존제품	기존제품실적 소비자 분석	시장경쟁구조 마케팅 전략

Part 03

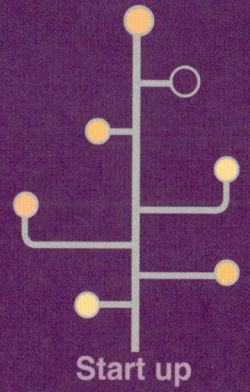

창업기업 관리와 성장

Chapter 10
사업기반 갖추기

현재 기업규모를 생각하면 도무지 상상이 가지 않지만 세계적으로 유명한 거대기업도 처음에는 대부분 자신의 종자돈이나 가족들로부터 조달한 자금을 가지고 창업을 했다. 도미노피자의 토마스 모나헌은 4살 때 아버지를 여의고 형과 함께 고아원에서 자랐다. 신학교에 진학했으나, 품행불량으로 쫓겨나서는 해병대에 입대했다. 1960년 군 제대 후 형에게서 500불을 빌려서 피자가게를 냈다. Domino Pizza는 최초의 피자 배달서비스(pizza delivery service)로 사업을 시작했다. 다른 피자가게들이 배달을 귀찮게 여길 때 배달에 초점을 두었는데, 피자를 굽는 것에서 피자를 담는 상자까지 모든 것을 배달에 초점을 맞추어 개조하여 30분내 배달(30 minute delivery)이라는 차별화로 크게 성공하였다. 모나헌은 심지어 아내도 여자 기숙사에 피자배달 갔다가 만났다. 창업 1년 후 형이 그의 사업을 탐내자 배달에 사용하던 그의 폭스바겐을 주어서 빚을 상쇄하였고, 그의 형은 남들이 부러워하는 폭스바겐을 받고 기뻐하였다. 한편 모나헌은 도미노피자를 현재 전 세계 5500개의 점포가 있으며 연간 30억불의 매출을 올리는 프랜차이즈 회사로 성장시켰다.

델컴퓨터의 마이클 델은 1984년 마이클 델은 텍사스의대 2학년 때 컴퓨터를 소비자에게 직접 판매하는 사업을 위해 휴학하고 회사를 세운다. 델은 1984년 텍사스 오스틴대학 기숙사에서 아르바이트를 해서 저금해 놓은 1,000달러를 털어서 컴퓨터 사업을 시작하였는데, 좋은 사양에 저렴한 가격의 컴퓨터와 강력한 고객지원을 바탕으로 창업 당해에 6백만 불의 매출을 올렸다. 창업 8년후인 1992년에는 포츈 500대 기업의 반열에 들어갔으며, 2000년에는 전 세계 34개국에서 35,000명의 종업원이 일하는 거대 기업을 일구어냈다.

사업을 본격적으로 추진하기 위해서는 기업을 설립하고 사업에 필요한 적절한 투자를 해야 한다. 창업자 외에 직원을 채용해야 할 수도 있다. 그런데 이 과정이 상당히 까다롭고 어렵다. 막연히 접근하다가는 큰 낭패를 볼 수 있다. 관련된 지식을 가지고 체계적인 준비를 해야 한다.

초기자금의 조달

창업자들이 창업과정에서 가장 어려움을 겪는 부분은 창업자금의 조달이다. 창업자 본인이야 사업성공에 대한 확신을 가지고 사업을 추진하는 것이지만 다른 사람은 그렇지 않다. 사업에 대한 설명을 듣기 전에는 그러한 사업에 관심조차 없다. 이런 사람들을 대상으로 사업의 가능성을 설득하여 투자금을 유치하는 것은 엄청난 노력을 필요로 한다. 사업의 규모가 작을 경우 본인이 보유한 자금을 투자하는 것이 가능하지만 사업이 진행되다 보면 사업자금은 항상 부족하다. 사업이 진행 될수록 외부의 투자가 점점 더 필요해진다.

사업초기에 외부에서 사업자금을 조달할 때 가장 먼저 고려할 수 있는 것이 부모님이나 주변의 친지들로부터 자금을 조달하는 것이다. 모자라면 금융기관에서 차입으로 조달할 수도 있다. 사업의 확장 가능성이 큰 경우에는 사업의 가능성을 담보로 전문 투자기관의 투자를 받을 수도 있다. 각각의 경우 자금의 특성이나 조달조건 등에 차이가 있고 사업추진의 전 과정에 영향을 미치기 때문에 각각의 장단점을 파악하는 것이 중요하다.

부모나 친인척으로부터 자금 조달

자기가 보유한 자금 외에 외부로부터 조달할 수 있는 자금 중에 가장 먼저 고려할 수 있는 자금이 부모나 가까운 친인척으로부터 조달하는 자금이다. 부모나 가까운 친지로부터 사업자금을 지원 받게 되면 초기 자금 조달 면에서 다른 사람에 비해 유리하게 사업을 시작할 수 있다. 그런데 부모나 가까운 친지로부터의 자금지원은 법적으로 그 형태가 모호한 경우가 많다. 증여일 수도 있고 차입일 수도 있다. 투자라고는 하지만 그 조건도 모호한 경우가 대부분이다. 하지만 금전이 오고가기 때문에 그 형태를 명확히 하는 것이 좋다. 어떤 형태냐에 따라 비용처리나 세금문제가 달라질 수 있기 때문이다.

공동출자 및 동업

창업자 단독으로 사업을 추진하기에 자본이나 역량이 부족하고 공동으로 창업을 할 경우 시너지가 기대된다면 공동출자나 동업도 고려해볼 수 있다. 그런데 공동출자나 동업의 형태와 방법은 기업이 어떤 형태냐에 따라 달라질 수 있다.

주식회사 등 법인인 경우에는 투자자나 동업자가 주주로서 공동출자할 수 있고 지분율에 해당하는 만큼 주주총회에서 의결권을 행사할 수 있으며, 회사에 이익이 발생하였을 경우 배당을 받을 권리가 있어 비교적 그 권리 관계가 명확하다.

그러나 개인사업의 경우라면 조금 복잡해진다. 공동투자의 개념이 명확하지 않기 때문이다. 먼저 실제로 공동사업임에도 불구하고 어느 개인 단독으로 사업자등록을 하는 경우에 발생하는 문제가 있다. 공동사업이라 수익이 발생하면 지분대로 수익을 나누어야 하는데, 어느 개인 단독으로 사업자등록을 했기 때문에 발생한 수익을 분리하지 않고 과세하게 되므로 소득세에서 손해를 보거나 소득금액의 분할 과정에서 증여세 문제가 발생할 소지가 크다. 따라서 동업에 의한 사업일 경우에는 반드시 공동사업으로 사업자등록을 하는 것이 유리하다. 공동사업으로 사업자 등록을 했어도 모든 문제가 해결되는 것은 아니다. 동업자 간의 역할, 책임, 권리관계가 명확하지 않기 때문에 향후 권리관계나 사업성과의 배분 등과 관련하여 분쟁이 발생할 가능성이 있다. 따라서 공동출자나 동업의 경우에는 공동사업계약서를 따로 작성하여 동업조건에 대해 명확히 할 필요가 있다. 대충 구두로만 합의하게 되면 나중에 서로 다툼이 발생할 수 있으며 결국 돈도 잃고 사람도 잃을 수 있다.

금융기관 차입

주변에서 끌어들인 자금으로도 모자라는 경우 우선 금융기관을 통하여 차입을 고려하게 된다. 금융기관을 통한 차입은 그 조건이 천차만별이다. 하지만 어떤 조건이라도 일정한 기간 동안 원금과 이자를 상환하는 구조를 가지고 있다. 일정한 기간 내에 원금과 이자의 상환이라는 조건은 수익이나 비용구조가 아직 안정되지 않은 창업기업에는 큰 리스크로 작용한다. 따라서 금융기관을 통한 차입은 사업규모와 자기자금 규모 등을 감안하여 최대한 신중하게 결정하는 것이 바람직하다. 금융기관 차입 시 기술보증기금이나 신용보증기금, 지역신용보증재단 등의 보증을 통하여 차입하는 경우 그 자금조달조건이 매우 좋기 때문에 우선적으로 이용하는 것이 좋다.

한편 금융기관에서 차입하는 경우 창업자 본인의 담보제공자산이 없거나 신용도가 약하여 대출한도가 안 나올 경우 부모나 친인척의 담보나 지급보증을 통해 대출을 받는 경우가 있다. 이러한 경우 담보의 제공이나 지급보증 자체는 아무런 문제가 없으나 다만 나중에 본인이 대출금을 변제하지 못하여 금융기관이 담보권을 실행하여 부모나 친인척이 대신 대출금을 변제하거나 담보물을 경매로 처분하는 경우에는 증여세가 과세되는 점을 주의할 필요가 있다.

적합한 기업형태 선택

사업을 본격적으로 시작하는 단계가 되면 회사의 형태를 결정해야 한다. 보통 개인사업으로 사업을 영위하든지 법인을 설립하든지 한다. 개인사업과 법인설립은 매우 다른 특징을 가지고 있고 사업 전반에 영향을 끼치기 때문에 어떤 형태로 사업을 시작할 지 신중히 고려하여 한다. 실제로 대부분의 창업자는 이 단계에 다다르면 어떤 사업형태로 하는 것이 바람직한지 매우 궁금해 한다. 보통은 사업의 규모, 업종, 창업자금의 규모, 창업주체의 다수 여부에 따라 달라진다. 개인사업과 법인기업으로 사업을 하는 경우 그 장점과 단점에 대해서 살펴보기로 하자.

개인사업

■ 창업절차 및 창업자금 조달 측면

설립등기가 필요 없어 사업자등록만으로 사업개시가 가능하므로 간편하다. 개인사업은 자금조달을 거의 사업주 본인이 하게 되는 소규모사업에 적합하다. 법인으로 사업을 할 경우에는 주주 모집과 정관 작성, 이사 및 감사 선임, 법인설립등기의 절차가 필요하므로 절차가 복잡하다. 법인은 일반적으로 주식회사 형태로 설립을 많이 한다. 예전에는 주식회사 설립 시에 발기인이 7명 있어야 설립이 가능 했으나 최근에는 창업간소화 정책에 따라서 1인 주주로도 법인설립이 가능하며, 자본금의 요건도 완화 되어 예전 보다는 주식회사 설립이 손쉬운 편이다. 창업 시 대규모 자금이 소요되는 사업인 경우 주주모집을 통 한 자금조달이 가능하므로 주식회사가 유리하다.

■ **세금문제 측면**

개인사업자는 이익에 대하여 소득세가 과세되며, 소득세율은 과세표준 구간별로 6% ~ 38%로 소득세가 과세된다. 또한 사업소득 이외의 근로소득이나 기타소득 등이 있을 경우 그 소득과 합산되어 세율적용이 되므로 세금이 많이 계산 될 수 있다. 또한 사업자 대표의 급여 나 퇴직급여에 대해서는 해당 사업장의 비용으로 처리가 되지 않는다.

■ **책임 문제 측면**

사업을 하는 경우 대부분 은행에서 대출을 받거나 지인으로부터 돈을 빌려서 자금을 조달하는 경우가 많다. 사업이 문제없이 영위되어 원리금 상환이 원활하다면 문제가 없지만 만에 하나 사업이 잘 안되어 망하게 되는 경우 개인사업의 사업주는 그 빚을 자기의 전 재산으로 갚아야 한다. 또한 세금을 납부하지 못하여 체납한 경우 사업주의 전 재산이 압류 될 수 있다. 이것을 무한책임이 라고 하는데 그 만큼 개인사업의 사업주는 사업에 대한 위험부담이 크다.

■ **자금 입출금에 대한 규제 측면**

현실적으로 법인기업과 개인사업자간에 가장 큰 차이점은 자금 입출금에 대한 규제 정도라고 할 수 있다. 개인사업의 경우 이익으로 창출된 자금을 아무런 제한 없이 사업주가 개인용도로 인출할 수 있다. 사업의 손익이 바로 사업주의 주머니와 연결되는 것이다. 세법이나 상법에서도 개인사업의 경우 자금의 입출금에 대해 큰 제한을 두고 있지 않다.

■ **대외 관계 측면**

개인사업은 대외적인 신뢰도가 약하므로 소규모 사업이나 가족 기업에 적합하다. 보통 외식업이나 소매업, 가맹점 등 일반 소비자를 상대로 하는 소매형태의 사업이 대부분이다. 대외적인 대규모 거래보다는 점포에 의존하여 소규모로 사업을 하는 경우가 많다.

■ **경영의사 결정 절차 측면**

개인사업의 경우 중요한 의사결정에 대해서 사업주 본인이 결정을 하게 된다. 따라서 의사결정이 신속하게 이루어질 수 있는 장점이 있다. 그러나 다른 경영 전문가의 참여가 힘들고 또한 사업주의 신중한 검토가 이루어 지지 않을 경우 시행착오를 겪을 가능성이 크다는 점은 단점이다.

법인기업 (주식회사)

■ 창업절차 및 창업자금 조달 측면

일반적으로 기업의 영속성·성장성 측면에서 주식회사 형태로 기업을 창업하는 것이 유리 하다. 주식회사는 개인사업보다 대외공신력과 신용도가 높기 때문에 자본금 증자 및 회사채 발행을 통한 자금조달이 용이하고, 영업수행에 있어서도 기업의 이미지가 제고되어 유리한 점이 많다. 특히, 벤처기업을 창업하는 경우에는 개인사업보다는 주식회사의 형태로 하는 것 이 더욱 유리하다고 할 수 있다.

■ 세금문제 측면

주식회사는 이익에 대하여 법인세로 과세된다. 이때 적용되는 법인세율은 소득세율과 상이하다. 또한 주식회사의 대표이사 급여는 비용처리가 가능하며 또한 실질적으로 퇴사한 경우 퇴직급여로 비용처리도 가능하다. 이러한 세율차이로 이익이 3억인 경우 세금은 개인사업자는 1억4백만 원, 주식회사는 약 수천만 원으로 주식회사가 약 6천4백만 원 이상 세금이 적게 발생한다.

■ 책임문제 측면

주식회사의 가장 큰 장점은 유한책임이라는 것이다. 유한책임이라 함은 각 주주가 출자한 금액만큼만 책임을 진다는 것이다. 이 유한책임제도 때문에 주식회사 제도가 활발해 지고 자본주의 시장이 크게 성장했다고도 볼 수 있다. 주식회사제도에는 자본금이라 는 것이 있는데 회사설립 시에 각 주주의 지분율에 따라 그 출자금액이 정해져 있다. 주주는 자기의 지분율에 해당하는 금액만큼만 회사에 납입하게 되고 만약 그 주식회사가 사업이 부진하여 망하게 되면 주주는 출자한 돈만 손해 보면 된다. 그 주식회사의 차입한 대출금액에 대해서는 그 회사의 자산으로 변제하고 만약 그 변제금액이 모자라는 경우 대출을 해준 금융기관이 손해를 보게 된다.

■ 자금입출금에 대한 규제 측면

주식회사는 주주와 이해관계자가 다양하므로 엄격한 자금관리를 요구받는다. 회사는 그 회사의 주주와는 법적으로 완전히 별개의 인격체이다. 따라서 회사는 주주, 경영자 등과 자금 및 기타의 거래를 하는 경우 일정한 절차를 통해서 하여야 한다.

실무에서 보면 매출이 몇 백억 정도로 상당히 크고 이익금은 몇 십억 이상이 되어 소득세율이 최고 세율인 38%로 수억에서 수십억원이상의 소득세를 부담힘에도 불구하고 주식회사 형태로 운영하지 않고 그냥 개인사업 형태로 운영하는 경우를 종종 볼 수 있다. 그런 기업의 경우 바로 주식회사의 이런 자금관리에 대한 규제가 원인인 경우가 많다.

■ 대외 관계 측면

대외 공신력을 제고할 수 있어 신규 가맹점 유치, 거래처 발굴, 금융기관으로 부터 자금조달, 주주모집으로 인한 대규모 자금 조달 등에 있어 유리하며 회사규모가 커질 경우 유가증권시장에 상장하거나 코스닥시장에 등록할 수 있다. 보통 제조업이나 도매업, 프랜차이즈사 업 등의 업종은 대외적인 신뢰관계를 바탕으로 사업을 영위하므로 주식회사형태로 운영하는 것이 유리하다.

■ 경영의사 결정 절차

주식회사는 공식적으로 중요한 의사결정은 이사회와 주주총회를 통해서 한다. 이사회에서 결정하는 사항으로는 자본금 증자, 주요 자산의 매입과 매각, 차입 결정 등이 있고 주주총회에서 결정하는 사항으로는 정관의 변경, 이사선임, 영업 양수도, 회사 인수, 회사의 매각 등의 사항이다. 소규모 주식회사는 경영자와 주주가 일치하는 경우가 많기 때문에 이사회나 주주총회가 형식적으로 이루어지는 경우가 많지만 기업의 규모가 커지고 외부조달이 많아질수록 이사회나 주주총회의 역할이 커지게 된다.

적합한 인력의 채용

대부분의 경우 창업을 하게 되면 창업가를 도와 사업을 영위할 인력이 필요하게 된다. 창업초기에는 설사 창업가 단독으로 모든 업무를 수행할 수 있다고 하더라도 사업이 조금씩 성장하게 되면 창업자 스스로 모든 사항을 직접 관리하고 수행하는 것이 어려워지는 단계가 온다. 이러한 단계에 도달하게 되면 창업가는 흔히 다음의 두 가지 대안을 고려하게 된다. 종업원을 채용하여 사업을 확장시킬 것인지 아니면 혼자 감당할 수 있는 수준으로 사업의 확장을 억제할 것인지 이다.

어떤 사업은 사업의 특성상 지속적인 확장과 성장이 어려워 창업가 단독 혹은 소규모 조직으로 운영하는 것이 합리적인 경우도 있다. 또 창업가가 사업의 성장보다는 안정적인 유지를 더 중요하게 생각하는 경우도 있다. 이런 경우에는 사업을 확대하기보다는 직접 통제와 조정이 가능한 수준 내에서 성장을 억제하는 것이 바람직하다. 무작정 성장을 추구하는 것이 능사는 아니다.

하지만 대부분의 창업자는 시장에 추가적인 성장 기회가 존재하는 한 사업의 확장과 성장을 선택하게 된다. 사업의 확장이나 성장을 선택하더라도 사업 초기에는 비교적 추가적인 인적 자원의 필요성이 크지 않기 때문에 공개적으로 직원을 채용하기 보다는 믿을 수 있고 채용과 관련한 부담이 적은 가족이나 친인척의 도움을 받기도 한다. 하지만 사업의 규모가 커지고 복잡해지면 창업가의 업무 일부를 대신하고 전문적인 업무를 담당할 직원 채용의 필요성이 커지게 된다.

직원의 채용은 기업의 장기적인 경쟁력을 좌우하는 매우 중요한 의사결정이다. 특히 비용·수익구조가 취약할 수밖에 없는 창업기업으로서는 기업의 생존이 달려 있는 문제이기도 하다. 어떤 직원을 채용하느냐에 따라 기업의 생산성이 달라질 수 있다. 더구나 직원채용으로 발행하는 임금은 기업의 영업상황에 따라 손쉽게 조정할 수 있는 성격의 비용이 아니다. 따라서 창업기업은 직원 채용을 즉흥적으로 결정할 것이 아니라 좀 더 장기적이고 구조적인 관점에서 접근하여야 한다. 직원채용을 위한 일반적인 절차는 다음과 같다.

■ **STEP 01** 채용수요의 파악

산업, 업종에 따라 차이는 있지만 기업 경쟁력의 대부분은 인력에서 나온다. 인력관리는 기업의 장기적인 경쟁력을 좌우하는 요소이므로 기업에서 인력을 채용할 때는 장기적인 관점에서의 전략적 검토가 반드시 필요하다. 당장 일손이 딸리니 모집광고를 내고 지원자 중에서 적당히 골라 채용하는 방식으로는 직원채용의 장기적인 효과를 기대하기 어렵다.

한편 인력을 채용한다는 것은 향후 고정적으로 추가비용이 발생한다는 의미가 된다. 인력의 채용과 해고는 관련법에서 상당히 까다롭게 규제하고 있기 때문이다. 그렇기 때문에 직원의 채용은 기업의 손익구조에 장기적인 영향을 미치게 된다. 따라서 종업원을 채용하기 위해서는 사업의 특성과 향후 전략방향 등을 고려하여 종업원 수요가 어떻게 될 것인가를 판단하는 과정이 선행되어야 한다.

종업원 수요를 파악할 때 가장 먼저 수행하여야 할 작업이 현재 기업 내에서 수행하고 있거나 향후 수행하여야 할 것으로 예상되는 모든 직무에 대한 직무분석(job analysis)과 직무디자인이다. 직무분석은 기업에서 요구되는 직무의 내용과 요건을 체계적으로 정리·분석하여 직무정보를 제공하는 과정이다. 직무분석을 한 자료는 기업의 인적자원을 합리적·과학적으로 관리하는 기초자료로 활용되며 이를 기초로 모든 직무의 내용과 필요조건이 디자인된다. 직무를 디자인한다는 것은 기업이 가치를 생산하는 과업의 형태나 절차, 책임소재를 적절히 결합하는 과정이라 할수있다.

한편 추가 인력을 고용하는데 있어서 반드시 같이 고려하여야 점이 있다. 직원의 채용에 따르는 잠재된 비용이 존재한다는 것이다. 직원을 고용하는데 있어서 발생하는 비용은 급여만이 아니다. 급여 이외에도 다양한 비용이 추가적으로 발생한다. 이러한 비용은 고용과 동시에 고정적으로 발생되는 비용이므로 결코 간과하여서는 안 된다.

- 4대 보험료
- 연차수당 및 휴가사용으로 인한 금전 · 비금전적 부담
- 병가나 기타 장기 휴가
- 해고, 퇴사 등 인력변동에 따른 비용 등.

■ **STEP 02**   **적합한 인재의 형태결정**

창업자가 사업의 진행에 있어서 새로운 직원이 필요하다고 판단하였다면 직무에 적합한 인원을 선발해야 한다. 하지만 수 많은 사람중에서 우리 회사에 적합한 인재를 선발하는 것은 보통 어려운 일이 아니다. 창업자는 어떻게 해야 적합한 인재를 선발·채용할 수 있을까? 인재선택 선발과 관련한 의사결정시 다음과 같은 것들을 고려하여야 한다.

- 어떤 사람을 채용할 것인가?
- 그 직원을 채용하려는 이유는 무엇인가?
- 직원채용을 통해 원하는 것은 무엇인가?
- 그 직원을 채용하려고 하는 시기는 언제인가?

• 그 직원들이 그 일을 어떤 방식으로 수행하길 원하는가?

이와 관련하여 가장 기초적인 자료는 앞서 수행한 직무분석 및 직무디자인이다. 직무분석 및 디자인을 통해 직무조서(job description)와 인력요건(a person specification)을 결정 할 수 있다. 직무조서에는 해당 직무의 주 업무와 책임을 명시하게 되는데, 규모가 작은 창업기업일지라도 작성해 놓는 것이 바람직하다. 직무조서를 작성함으로서 창업가는 해당 직무 수행에 적합한 인력을 정확하게 파악할 수 있다. 또한 직무조서를 통해 새로 채용된 직원이 수행하여야 하는 업무의 개략적인 내용을 파악할 수 있다. 또한 직무조서는 신규채용 직원이 자신의 업무를 파악하는데 매우 큰 도움이 된다.

일단 직무조서가 작성되면 해당업무를 수행하는데 필요한 체력적, 정신적 조건에 대한 개략적인 요구사항 파악이 가능하다. 이것이 직무 요구조건파악이다. 직무요구조건은 특정 업무를 수행하는데 적합한 인력의 형태를 구체적으로 명시한 것이다. 리스트에 너무 많은 내용을 담고 있으면 실무적으로 이를 적용하여 인력을 확보하는 것은 매우 어려워지기 때문에 핵심적인 내용 위주로 구성하는 것이 좋다. 한편 창업가는 직원을 채용함에 있어서 해당 직무 수행과 관련된 기술적인 능력과 함께 안정성, 조직조화성, 충성심, 인내, 리더십 등 개인적인 성향들도 같이 고려할 수 있다.

■ **STEP 03 종업원의 채용**

기업이 수행하여야 하는 직무와 각 직무별 소요인원, 필요한 자격 등에 대해 파악이 되고 나면 종업원을 채용한다. 직원을 채용하는 방법은 꼭 이래야 한다고 정해진 것이 없다. 직원을 모집할 때는 광고, 교육기관, 직업소개소, 개인적인 네트워크 등 다양한 방법이 동원된다. 기업의 상황이나 여건, 소요인력의 특성 등을 고려하여 이 중 적당한 방법을 사용하면 된다. 단, 창업기업은 수익이나 비용구조가 아직 안정되어 있지 못하기 때문에 최대한 비용을 절감하면서 유연한 구조를 유지 할 수 있도록 하는 것이 필요하다. 모든 직무를 정직원을 통해 수행하는 것이 바람직하겠지만 비용적인 부담이 있다면 일부 직무에 파트타이머를 고용하는 것도 고려해 볼 필요가 있다. 물론 피고용자 입장에서는 생계가 불확실해지고 국가적으로도 고용 안정성에 나쁜 영향을 미쳐 권장되진 않지만 창업가 입장에서는 일단 기업이 살아남는 것이 중요하다.

우리나라에서는 고용과 근로의 형태에 대해 법으로 상당히 구체적으로 규제하고 있으므로 고용관련법의 내용을 숙지하고 준수할 필요가 있다. 특히 주의할 것은 특정 인력의 업무수행 적합성을 판단하는데 있어서 특별한 이유 없이 성별, 지역, 결혼여부, 나이 등으로 차별적인 조건을 두는 것을 법으로 금지하고 있다는 것이다. 최근에는 근로기준법, 남녀고용평등법, 비정규직보호법[9], 연령차별금지법[10], 장애인차별금지법[11] 등을 통해 고용에 있어서의 차별금지를 강화하고 있는 추세이다.

---

9 비정규직 보호법은 기간제 및 단시간근로자 보호 등에 관한 법률, 파견근로자보호 등에 관한 법률, 노동위원회법 등 비정규직보호 관련 법률을 통틀어 이르는 말이다. 2006년 11월 30일 국회에서 통과되어 2007년 7월 1일부터 300인 이상 사업장에 적용되었다. 2008년 7월에는 100인 이상 사업장, 2009년 7월 1일에는 5인 이상 사업장으로 시행 범위가 확대 되었다

10 연령차별금지법은 '고용상 연령차별금지 및 고령자고용촉진에 관한 법률'을 말하며 모집·채용분야는 2009년 3월 22일부터 시행되고 임금, 임금 외의 금품 지급·복리후생, 교육·훈련, 배치·전보·승진, 퇴직·해고 등의 경우는 2010년 1월 1일부터 시행되고 있다.

11 장애인차별금지법은 '장애인차별금지 및 권리구제 등에 관한 법률'을 말한다. 모든 생활영역에서 장애를 이유로 한 차별을 금지하고 장애를 이유로 차별받은 사람의 권익을 효과적으로 구제함으로써 장애인의 완전한 사회참여와 평등권 실현을 통해 인간으로서의 존엄과 가치를 구현하려는 것으로 2007년 제정되어 2008년부터 시행되고 있다.

Chapter 11
제품 · 서비스의 생산

성공하는 사람들의 성공원인을 보면 특별한 능력이 있어서라기보다는 보통 사람에게는 찾아보기 힘든 인내력이 있는 경우가 많다. 재능이 많거나 교육을 많이 받았다거나 용기가 많다고 성공하는 것이 아니다. 모두 중도에서 포기하기 때문에 성공하지 못하는 것이다.

전기전자 부품제조업체인 맬러리의 특허과에서 일하면서 사무용 복사기를 발명하려고 애쓰던 칼슨은 1938년 10월 한 종이에 있는 메시지를 다른 종이로 옮기는데 성공했다. 칼슨은 이 기술을 전자사진술이라 이름 붙이고 즉시 관련 특허를 확보하였다. 그리고 그 기술을 팔러 나섰으나 이후 5년 동안 아무런 성과가 없었다. 결국 1944년에 이르러서 칼슨은 바텔메모리얼 연구소를 찾아가 로열티수입 권리의 75%를 넘겨주는 조건으로 기술개량의 지원을 받게 되었다. 1946년에는 인화지 제조업체인 핼로이드(후에 제록스로 사명을 개명)도 기술의 개발에 참여했다. 막대한 연구비의 투입에도 불구하고 예상치 못했던 기술적 문제들이 계속 나타나며 비용이 치솟게 되자 핼로이드가 전체 특허의 권리를 인수하게 되었다. 바텔연구소와 칼슨에게는 핼로이드의 주식을 제공하였다. 1947년부터 1960년 사이에 핼로이드는 복사기 연구개발비에 약 7,500만 달러를 투입했는데, 이것은 같은 기간에 기존 사업에서 벌어들인 돈의 2배에 해당했다.

그러나 1959년에 출시한 제록스 복사기가 1960년에 폭발적으로 팔리기 시작하자 갑자기 모든 상황이 역전되었다. 힘들 때 참고 고생한 중역들, 로체스터 대학교, 바텔 메모리얼 연구소가 모두 큰 돈을 벌었고, 특히 모든 사람들 중에서도 여러 가지 계약을 통해 제록스주식을 받았던 체스터 칼슨은 1968년에 주식가치가 수천만 달러에 이르러 『포춘』이 선정한 미국의 66번째 부자가 되었다.

자료 : 경영의 모험, 존 브룩스 지음, 이충호 옮김, 샘앤파커스 출판사 pp. 244~249 발췌요약

사업 아이디어는 그야말로 아이디어일 뿐이다. 아직 시장 메커니즘에서 운용된 적이 없기 때문에 사업 아이디어를 현실화하여 생산과정에 들어가게 되면 생각지도 못했던 문제에 맞닥뜨리게 된다. 사업 아이디어 구상단계에서는 시장의 특수한 상황을 모두 고려하여 계획을 짤 수 없기 때문에 창업가는 시장 내의 자원과 생산관련 시스템을 효율적으로 활용할 수 있다는 가정을 하여 사업계획을 짜기 마련이다. 그러나 시장은 이러한 가정과 같이 체계적이지도 않고 효율적으로 운영되지도 않는다. 따라서 실제 생산단계에 들어가게 되면 아이디어 구상이나 샘플생산 때와는 다른 다양한 문제가 발생한다. 제품이 원래 계획대로 간단히 생산되지 않는 것이다.

계획과 현실은 다르다

현실의 시장은 우리가 머릿속으로 생각하는 것 같이 매끄럽고 원활하게 돌아가는 시스템이 아니다. 현실시장에는 상이한 이해관계를 가진 사업자가 얽혀 있으며 그 능력 또한 천차만별이다. 그렇기 때문에 실제 제품을 본격적으로 생산하기까지는 다양한 돌발상황이 발생할 수 있고 창업자는 이러한 문제의 해결에 파묻히기

심상이다. 특히 제품의 생산을 아웃소싱 하여 다른 생산업체를 활용하는 경우에는 더욱 그렇다. 제품의 모양, 색상, 무게, 크기, 납기 등 모든 분야에서 계획대로 원활하게 진행되는 것이 별로 없다. 협의든 조정이든 간신히 문제를 해결하면 바로 다른 문제가 생긴다. 또한 핵심적인 속성을 디자인하느라 아이템 개발단계에서는 간과했던 소소한 사항들도 실제 제품 생산단계에서는 모두 중요한 의사결정의 대상이 된다. 경우에 따라서는 올바른 의사결정을 하기 위해 새로운 분야의 전문지식이 필요한 경우도 생긴다. 이러한 상황이 반복되면 사업자는 본격적으로 제품을 생산하기도 전에 서서히 에너지가 고갈되어 간다.

존 러스크와 카일 해리슨이 자신들의 창업경험을 수필식으로 적어 출판한 '마우스드라이버 크로니클'을 보면 자신들의 첫 제품을 생산하는 과정에서 겪는 어려움이 잘 나타나있다. 이들은 본격적인 사업에 착수하기 위해 그들의 사업 아이템인 골프드라이버 모양의 마우스를 생산하기 위해 홍콩에 본사를 둔 생산기업과 협상에 들어갔다. 적절한 기업을 찾았으니 계획대로라면 제품 구상에 맞춰 크기 모양, 색상을 정해 주문하고 계획된 수량을 생산하면 된다. 그러나 막상 실제 제품을 생산하는 단계가 되자 여러 가지 세부적인 것들에 대한 의사결정이 기다리고 있다. 제품의 색상을 결정하기 위해 생산업체에서는 인쇄업계에서 통용되는 표준컬러 카탈로그인 PMS(Pantone Matching System) 색상코드를 요구했으나 이들은 PMS에 대한 지식이 전혀 없었다. 이들은 이 분야에 대한 정보를 탐색하고 어렵게 전문가의 도움을 받아가며 자신들이 구상했던 색상과 비슷한 색상코드를 찾아야만 했다. 어렵게 색상을 결정했어도 카달로그에 표현된 색상과 실제 제품색상이 다르게 표현될 수 있기 때문에 이를 사전에 검증할 수 있는 방법을 찾아 동분서주 해야 했다.

이러한 문제는 제품생산과 관련된 모든 분야에서 비슷한 패턴으로 일어난다. 보통 어떤 결정을 어렵게 내리면 그것이 해결책으로 작용하기도 전에 또다른 문제가 생긴다.

비용관리가 핵심이다.

모든 비즈니스의 일차적인 목적은 돈을 버는 것이다. 돈을 벌기 위해서는 사업결과 적절한 수준의 수익과 이익이 지속적으로 발생해야 한다. 꾸준한 수익과 이익은 사업이 지속가능성을 확보하는데 있어서 필수적이다. 사회적인 가치나 장기적인 가치가 아무리 탁월해도 일정한 기간 동안 적절한 수익과 이익을 확보하는데 실패하면 그 사업은 장기적으로 존립할 수 없다.

초보 창업자들이 사업에 착수하면서 흔히 범하는 실수 중 하나가 수익과 이익의 개념을 정확히 구분하지 않고 접근하는 것이다. 수익과 이익은 엄연히 다른 개념이다. 수익은 제품이나 서비스를 공급함으로서 벌어들이는 돈을 말한다. 이익은 수익에서 수익발생을 위해 지출한 비용을 제외하고 최종적으로 사업자가 손에 쥐는 돈을 말한다. 사업이 영위되기 위해서는 수익의 크기와 상관없이 적절한 이익이 발생해야 한다. 이익은 기본적으로 수익과 비용의 크기에 의해 결정된다. 하지만 사업초기 이익 발생 여부에 가장 크게 영향을 미치는 요인은 비용이다. 경험이 부족한 사업초기에는 생산이나 사업절차가 표준화되어 있지 않고 아직 안정성이 부족한 상태이므로 비용을 통제하고 관리하는 것이 쉽지 않기 때문이다.

비용을 관리하기 위해서는 다음과 같은 점을 고려하여야 한다.

첫째, 사업초기에는 생산과 관리에 소요되는 모든 비용을 최소화 하여야 한다. 어떤 사업이든 사업초기에는 주로 투자를 먼저 하게 된다. 사업자는 이러한 투자를 바탕으로 적절한 수익의 발생과 증가를 기대하게 된다. 그러나 새로운 아이템으로 새로 사업을 시작한 창업가에게 사업의 성공과 관련하여 증명된 것은 아무것도 없다. 모든 것이 불확실하고 모든 것이 리스크이다. 실제 사업이 진행되면 수익의 증가는 예상보다 더디고 오히려 예상치 못한 비용이 자꾸 발생하게 된다. 계획단계에서는 생각하지도 못했던 요인이 불거지고 상황을 해결하는 과정에서 모든 스케줄이 지연되고 비용이 증가하게 된다. 따라서 사업초기에는 이러한 비용증가 가능성을 염두에 두고 자금계획과 사업계획을 유연하게 구성하여야 한다. 또한 절감할 수 있는 모든 비용을 절감해야한다. 사무실, 집기비품, 인력 등 모든 분야에서 비용을 절감해야한다. 심지어 제조능력을 핵심역량으로 하는 창업기업이라도 비용절감을 위해서는 한시적으로 제품의 제조마저도 아웃소싱 할 것을 고려해볼 필요가 있다.

둘째, 소비자가 크게 지각하지 못하는 품질차이는 비용절감을 위해 허용해도 좋다. 품질이 좋을수록 소비자의 선호도는 올라가겠지만 투자대비 선호도 차이가 크지 않다면 일정수준에서는 이를 포기하는 것이 바람직하다. 품질을 끌어올리기 위해서는 비용이 소요되고 비용의 증가는 제품가격을 끌어올려 가격경쟁력을 잃게 만들거나 이익을 축소시키기 때문이다. 제품의 품질 속성 중에 어떤 것들은 아무리 강화하더라도 소비자 만족을 크게 끌어올리지 못하는 것이 있다. KANO모델에서는 이러한 속성을 필수적 니즈라고 명명하고 있다. 이러한 속성을 무한정 강화하는 것은 비용만 증가시키고 소비자 선호도를 크게 끌어올리지 못하기 때문에 기본적인 수준만 갖출 수 있게 투자하는 전략이 필요하다.

카노모델

고객은 어떤 제품이나 서비스를 경험하고 나면 만족이나 불만족의 반응을 보이게 된다. 만족이나 불만족의 경험은 고객의 이후 행동의 방향을 결정하기 때문에 고객이 얼마나 만족하였으며, 무엇 때문에 그렇게 되었는지 파악하는 것이 매우 중요하다. 카노(KANO)모델은 만족과 불만족을 서로 상관이 없는 전혀 다른 개념으로 보는 모델이다. 즉 만족에 영향을 주는 요인과 불만족에 영향을 주는 요인이 전혀 다르기 때문에 어떤 불만족요인을 보완했다고 해서 만족상태로 변화하지 않는다는 것이다. KANO모델은 허츠버그의 직무만족 개념을 제품품질에 대한 만족으로 확대하여 적용한 것이다. KANO모델에서는 제품의 품질속성을 매력품질과 당연품질로 나누고 있다. 당연품질은 아무리 보완하고 강화해도 소비자의 만족도를 크게 올리기 어렵지만 만일 조금이라도 부족할 경우에는 만족도가 크게 떨어지게 만드는 속성이라고 할 수 있다. 소비자가 기본적으로 갖추어야 할 속성이라고 판단하는 것들이기 때문에 이러한 속성은 소비자가 필요하다고 인식하는 수준 정도의 성능만 갖추면 된다. 매력품질은 갖추지 못하더라도 소비자가 크게 불만을 갖지는 않지만 이를 충분히 갖추면 소비자의 만족도가 크게 올라가는 속성들이다. 따라서 소비자의 불만족을 줄이고 만족도를 높일 수 있는 사업아이템은 기본적인 수준의 당연품질을 갖추고 매력품질을 극대화한 제품이라고 할 수 있다.

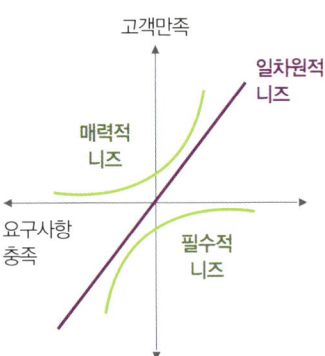

부수적이지만
중요한 문제

제품을 생산하며 소비자에게 전달하는 과정에서 다양한 문제와 의사결정 상황이 발생한다. 사업구상 단계나 생산에 대한 의사결정 단계에서는 모든 신경이 제품자체에 집중되기 마련이다. 제품이 어떻게 생산되느냐에 따라 핵심적인 사업아이디어가 제대로 구현되느냐가 결정되기 때문이다. 그래서 제품에 대한 의사결정과 생산이 어느 정도 결정되기까지는 부수적인 문제는 뒤로 미뤄놓게 되는데, 제품의 생산이 본격적으로 이루어지는 단계가 되면 미루어 놓았던 문제들에 대한 의사결정이 밀려온다. 보통 다음과 같은 것들이다.

포장문제

먼저 제품생산에 꼭 필요한 포장지나 포장상자의 디자인, 생산부터 문제가 된다. 디자인이나 로고, 색상, 기능 등 결정해야 할 문제가 산적해 있는데 이것이 간단하게 결정될 문제가 아니다. 설사 결정했다고 하더라도 역시 생산까지는 수많은 조정과 협상을 거쳐야 한다.

물류문제

물류도 마찬가지다. 자체물류를 확보할 것인지 3자물류를 확보할 것인지, 생산된 제품의 보관은 어떻게 할 것인지, 재고관리는 어떻게 할 것인지 생산단계가 되면 당장 결정해야 한다.

출시시기 문제

　제품의 출시시기에 대한 의사결정도 필요하다. 시장수요뿐만 아니라 자금상황에 맞추어 생산을 추진해야 한다. 사업초기에 제품의 생산은 항상 스케줄대로 진행되지 않는다는 점을 명심해야 한다. 생산이 지연되면 제품의 출시부터 마케팅, 재무, 조직관리의 모든 부분이 영향을 받기 때문에 생산 지연에 유연한 대응이 가능하도록 미리 대비하는 것이 좋다.

패키징 혁신사례

포장은 고객의 선택을 받기 위한 디자인적인 측면도 중요하지만 제품의 기능을 강화하고 물류유통관리의 효율성을 높이는 측면에서도 매우 중요하다. 이러한 이유 때문에 많은 기업들이 제품의 포장이나 박스의 디자인 연구에 큰 투자를 하고 있다. 2013 미래 패키징 신기술 정부포상에서 아워홈은 대상과 우수상을 차지했는데, 최우수상을 수상한 '창고마트용 포장' 기술은 4곳의 모서리를 접어 박스 진열 효과를 대폭 향상시키고 대용량 적재가 가능하도록 강도를 높인 형태로, 박스의 3면을 개봉해 상품 노출도를 증대시킨 디자인이다. 이 디자인은 제품의 진열과 관련하여 박스의 개봉 외에는 추가적인 작업이 필요 없고 기존 방식보다 15%정도 종이 사용량이 적어 관리비 및 자원절감효과가 크다.

아울러 우수상을 수상한 '떠먹는 피자 스탠딩 트레이 용기'는 제품을 수직으로 세워 진열할 수 있도록 특수 설계됐다. 그동안 수직형 용기는 내용물이 흐트러지고 용기가 쉽게 쓰러진다는 이유로 사용하는 경우가 드물었지만 연구개발을 통해 일반적인 용기와 달리 비대칭형으로 설계하고, 용기 외부를 실링 처리해 내용물의 쏟아짐을 방지했다. 뿐만 아니라 뜨거움 방지 2중 설계로 가열 후에도 용기를 이동하는 데 불편함이 없도록 했고, 포장단계를 축소해 포장비용과 환경부담을 최소화했다. 아워홈은 이 기술을 적용해 포장비를 기존 대비 30% 정도 줄였다.

자료 : 식품저널뉴스, 2013.05.28

Chapter 12
마케팅 계획의 구체화

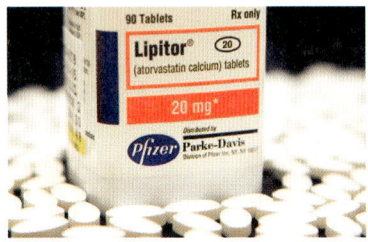

고지혈증 치료제는 제약분야에서 가장 시장 규모가 큰 분야 중 하나이다. 고지혈증 치료제 중에서도 성공사례로 많이 꼽는 사례가 미국의 제약회사인 워너-램버트(Warner-Lambert) 사에서 1997년 개발한 리피토(Lipitor)라는 약이다. 워너-램버트에서 리피토를 개발할 당시 시장에는 이미 같은 스타틴 계열(고지혈증 치료제)의 약들이 출시되어 있었고, 워너-램버트로서는 시장에 먼저 출시되어 시장을 점유하고 있던 경쟁제품의 틈을 뚫고 시장진입을 하기 위해서는 뭔가 새로운 전략이 필요했다.

당시 시장에 출시되어 있는 대부분의 고지혈증 치료제는 총콜레스테롤의 강하에 효능이 있다는 점을 내세우고 있었다. 워너-램버트는 이 점에 착안했다. 콜레스테롤은 몸에 해로운 LDL콜레스테롤과 몸에 좋은 HDL콜레스테롤로 나눌 수 있다. 따라서 콜레스테롤을 낮추기 위해서는 몸에 해로운 LDL콜레스테롤을 낮추는 것이 중요했는데, 당시의 소비자는 이러한 점을 대부분 인식하지 못하고 있었다. 새로 개발한 신약 리피토는 LDL콜레스테롤을 선택적으로 낮추는데 탁월한 효능을 가지고 있었고 워너-램버트는 광고에서 이 점을 부각하였다. 콜레스테롤이 LDL콜레스테롤과 HDL콜레스테롤로 나누어져 있고 이중 LDL콜레스테롤을 낮추는 것이 중요하다는 내용의 광고는 소비자로 하여금 콜레스테롤 억제제에 대한 새로운 판단기준을 갖게 만들었고 이러한 전략은 대성공이었다. 리피토는 시장에 출시되자 마자 단숨에 스타틴계열 시장을 장악하였다. 이후 워너-램버트와 화이자는 인수합병이 이루어졌고 리피토는 화이자를 대표하는 약중의 하나로 자리잡았다. 리피토는 특허가 소멸되기 전까지 무려 1,300억달러를 판매했고 전성기의 연간 매출은 130억달러에 육박하였다.

고객을
구체화 하자

 기업의 입장에서 볼 때 출시한 제품들이 다양한 소비자들의 욕구를 모두 충족시켜 줄 수 있다면 이상적이라고 할 수 있다. 그러나 대부분의 기업들은 자원, 기술, 경영능력 등의 면에서 한계가 있다. 다양하고 끊임없이 변화하는 개인의 욕구를 모두 만족시킬 수 있는 제품들을 제공하기가 쉽지 않다. 따라서 어느 기업이든 전체시장에서 모든 경쟁자들과 경쟁하기 보다는 자사가 경쟁우위를 가질 수 있는 제품을 가지고 가장 매력적인 세분시장에서 경쟁하는 의사결정을 한다.

 마케팅 계획의 시작은 고객을 나누고 그중 일부를 선택하여 자사의 능력을 집중적으로 투입하는 STP전략으로부터 시작한다. 이러한 시장세분화 전략은 다음과 같은 논리에 바탕을 두고 있다.

- 모든 소비자는 동일하지 않다.
- 소비자들을 비슷한 행동, 가치관, 배경을 가진 사람들로 묶을 수 있다.
- 서로 다른 니즈를 가진 커다란 소비자집단을 동시에 만족시키기보다 비슷한 니즈를 가진 사람들로 구성된 작은 집단을 만

족시키는 것이 더 쉽다.

STP전략의 수립의 절차

이와 같은 논리에 기초하여 효과적인 시장세분화는 각 세분시장 내에서는 소비자들이 비슷해야(동질적) 하며, 서로 다른 세분시장 간에는 소비자들이 달라야(이질적) 한다. STP전략을 수립하려면 다음과 같은 세 가지 단계를 거쳐야 한다.

- 첫 번째 단계는 시장을 몇 개의 시장으로 나누기 위한 기준을 결정하고 이를 분석하는 단계이다. 시장을 나누는 기준은 여러 가지가 있을 수 있는데 크게 지리적, 인구통계적, 심리적, 구매행동 등이 많이 사용된다. 그리고 나누어진 각 세분시장의 특성을 여러 변수들을 사용하여 정밀하게 기술하게 된다.
- 둘째 단계는 진입할 세분시장을 선정하는 단계로 각 세분시장의 매력도를 측정하고 난 후에 해당기업의 능력을 고려하여 해당기업에 가장 적합한 표적시장(target market)을 선정하여야 한다.
- 셋째 단계는 선정된 표적시장을 대상으로 자사제품의 포지셔닝(product positioning)을 개발하여야 한다. 선정된 표적시장에 이미 여러 개의 경쟁브랜드가 있을 때는 우리 회사의 브랜드가 가지는 경쟁우위를 파악하여 표적시장에 가장 효과적으로 자리매김을 할 위치를 결정해야 한다. 그리고 현재의 포지셔닝

이 표적시장에서의 마케팅목표를 달성하는 데 효과적인가를 평가하고, 만약 그렇지 못하다면 재포지셔닝을 해야 한다.

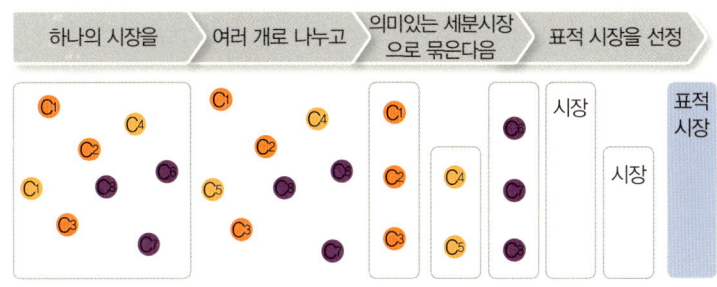

〈그림 3-7〉 제목 주세요

시장세분화

시장세분화를 하는 궁극적인 목적은 선정된 세분시장 내에 있는 비슷한 소비자들에게 적합함과 동시에 다른 세분시장의 소비자들에게는 다른(차별적인) 마케팅믹스전략을 개발하는 데 있다. 이러한 시장세분화의 목적이 달성되려면 각 세분시장이 의미가 있도록 구성되어야 한다. 각 세분시장이 의미 있는 세분시장이 되려면 다음과 같은 조건을 충족시켜야 한다.

- **측정가능성** : 세분시장의 규모, 세분시장에 속한 소비자들의 구매력과 같은 세분시장의 특성들이 측정 가능해야 한다. 어

떤 세분화변수들은 측정하기가 매우 어렵기 때문에 의미 있는 세분시장을 구성하는 것이 불가능할 수 있다.

- **충분한 규모의 시장** : 각 세분시장에 기업이 개별적인 마케팅 프로그램을 실행할 수 있을 정도로 충분한 규모를 지니고 있어야 한다. 세분된 시장이 의미가 있기 위해서는 각각의 세분시장은 개별적인 마케팅전략의 수립에 소요된 비용을 회수하고 기업에 충분한 이익을 보장해 줄 정도의 규모를 가져야 한다.
- **접근가능성** : 세분시장이 의미가 있기 위해서는 세분시장 내에 있는 소비자들에게 마케팅노력으로 효과적이며 경제적인 접근을 할 수 있는 적절한 수단이 존재해야 한다.
- **차별적 반응** : 세분시장이 의미가 있기 위해서는 각 세분시장들에게 적용된 차별화된 마케팅전략에 대하여 각각의 세분시장들이 다르게 반응을 해야 한다. 만약 기업의 어떤 마케팅활동에 대해서 모든 세분시장이 동일하게 반응한다면 세분시장에 따른 차별적 마케팅전략을 사용하는 것이 의미가 없게 된다. 이럴 경우 구태여 비용이 훨씬 많이 들게 세분시장별로 마케팅 프로그램을 실행할 필요가 없이 전체시장에 대하여 하나의 마케팅 프로그램을 실행하면 되기 때문이다. 따라서 각 세분시장은 마케팅믹스에 대하여 서로 다른 반응을 보여야 한다.
- **실행가능성** : 세분시장이 의미가 있기 위한 또 하나의 조건은 세분시장을 공략하기 위한 마케팅 프로그램을 개발할 수 있어야 하는 것이다. 만약 현대자동차가 전기자동차를 요구하는

충분히 시장성이 있는 세분시장을 발견하였다 하더라도 전기자동차를 상용화할 준비가 되어 있지 않다면 이러한 세분시장은 의미가 없다.

타겟팅 전략

타겟 시장이나 고객의 특성에 따라 활동의 체계가 달라진다는 점이다. 활동의 체계는 생산부터 물류, 유통, 판매 등 고객에게 가치가 전달되는 전체 활동을 말한다. 일반적으로 고객을 전체시장, 세분시장, 개인으로 구분할 수 있는데, 이 경우 기업의 마케팅 활동과 가치창출·전달체계의 특성은 다음과 같다.

타겟 고객별 마케팅 전략

창업기업의 활동	타겟고객		
	전체시장	세분시장	개인
니즈와 선호 파악	단일가치 제공	세분시장마케팅	개별 마케팅
가치창조 및 전달체계	대량생산	대량 생산 대량 맞춤	맞춤 대량 맞춤

- **전체시장 마케팅** : 시장을 세분화하지 않고 전체시장을 대상으로 동일한 제품이나 서비스를 대량생산 하여 제공한다. 기술적 특성이 강하거나 제품이나 서비스의 공급자 권한이 강한 분야에서는 기업의 규모와 상관없이 사용할 수 있다. 또한

새로 개척된 신사업분야일 경우 적용하기 용이하다. 경쟁자가 없고 시장에서의 수요가 아직 분화되지 않았기 때문이다. B2C 비즈니스뿐만 아니라 B2B 비즈니스에서도 적용이 가능하다.

- **개별고객 마케팅** : 전체시장 마케팅의 반대개념이다. 소비자를 집단으로 파악하는 것이 아니라 소비자 개개인을 하나의 시장으로 파악한다. 따라서 일대일 개별 마케팅 도구가 필요하게 된다. 당연히 제품이나 서비스 생산에 많은 비용이 소요된다. 최근 정보통신기술의 발달로 개인을 니즈를 세부적으로 반영하면서도 대량생산이 가능한 방식이 등장하게 되었는데 이를 대량맞춤(mass customization) 방식이라고 한다.
- **세분시장 마케팅** : 전체시장을 동일한 Needs를 가진 수개의 그룹으로 세분하여 각 세분 시장별로 차별화된 마케팅을 수행하는 방식으로 가장 일반적인 마케팅 전략기법이라 할 수 있다.

가격 전략을 구체화 하자

기업과 사업이 지속적으로 영위되기 위해서는 가격전략이 매우 중요하다. 가격은 제품이나 상품의 경쟁력을 결정하는 핵심적인 요인이고 기업의 이익에 직결된다. 경쟁력 확보를 위해 지나치게 저가격을 유지하면 적절한 수익을 확보할 수 없다. 반면 수요나 경쟁력을 간과하고 지나치게 고가격을 유지하게 되면 제품·서비스가 아무리 좋다고 하더라도 적절한 수익을 유지할 수 없다. 따라서 소비자가 납득하는 수준이면서 창업기업이 지속적인 수익을 올릴 수 있는 적절한 가격수준에 대한 고민이 반드시 필요하다. 그러나 치열한 경쟁이 존재하는 시장에서 적정 가격을 책정하고 유지한다는 것이 말처럼 쉬운 일은 아니다.

사업을 수행하는 목적은 여러 가지가 있지만 가장 기본적인 목표는 기업이 유지될 수 있는 적당한 수익과 이익을 발생시키는 것이다. 적정 수익이나 이익이 발생하지 않는다면 그 사업의 당위성을 잃을뿐더러 지속가능성을 확보하기 어렵기도 하다. 수익과 이익을 얘기하기 위해서는 원론적으로 다음의 두 가지를 고려해야 한다.

- **수요와 가격 측면** : 제품의 판매량은 기본적으로 수요와 가격의 함수이다. 일반적인 수요곡선에서는 가격이 증가하면 수요가 감소하고 가격이 하락하면 수요가 증가한다. 기업에서는 수요를 자사제품의 판매로 연결해야 하는데, 수요가 구매로 연결되기 위해서 가장 필요한 것이 적정가격의 책정이다. 그런데 적정가격이라는 것은 우리 제품 단독으로 결정되는 것이 아니고 경쟁자의 가격이나 보완재의 가격 혹은 경쟁자 마케팅믹스에 의해 상대적으로 결정되므로 이를 같이 고려하여야 한다.

- **비용 측면** : 기업이 시장에 특정 가치를 제공하는 데는 반드시 비용이 소요된다. 따라서 적정 이익을 발생시키기 위해서는 적정한 수준-수익보다 적은 수준-에서 비용발생이 일어나야 한다. 일반적으로 비용에 영향을 미치는 요인은 기술, 재료비, 노동비, 자본비용 등이 있다.

그런데 기업에서 제공하는 가치에 대해 시장의 수요·비용곡선을 정확하게 예측하기는 현실적으로 매우 어렵다. 그래서 일반적으로 이익의 극대화보다는 덜 복잡한 방식으로 가격을 책정하는 것이 일반적이다. 보통 투입 비용(원가)보다 높고 고객이 지각하는 가치(지각가치)보다 낮은 수준에서 경쟁을 고려하여 책정하게 된다. 원가를 기준으로 가격을 책정하는 방식을 원가가산 가격책정법, 고객이 인식하는 가치를 기준으로 가격을 책정하는 방법을 고객가치기준 가격책정법이라 한다.

원가가산 가격책정법

원가가산법은 원가에 일정율(액)의 이익을 가산하여 가격을 책정하는 방법이다. 원가가산법에는 판매수익률법과 투자수익률법이 있다. 가장 단순한 방법이긴 하지만 고객이 지각하는 가치와 괴리가 있을 수 있기 때문에 주의해서 사용하여야 한다.

- **판매수익율법** : 판매수익률법은 판매단위당 목표로 하는 이익

을 기준으로 계산하는 방법이다. 가격책정 구조는 다음과 같다.

> 가격 = 단위당 비용/(1-판매수익률)
> 단위당 비용 = 단위당 변동비 + 고정비/판매량

- **투자수익율법** : 투자수익률법은 제품·서비스 생산을 위해 투자한 투자금액에 투자수익률을 적용하여 계산하는 방법이다. 여기서 투자수익률은 목표로 하는 수익률을 의미한다. 가격책정구조는 다음과 같다.

> 가격 = 단위당 비용+기대수익률×투자액/판매량

고객가치기준 가격책정법

원가가산법은 투입된 '비용'을 기준으로 가격책정을 책정하는 방법이므로 제품서비스의 본질적인 가치나 경쟁을 무시한 방법이 될 수 있다. 이에 반해 고객가치 기준 가격책정은 고객이 인식하는 '가치'를 기준으로 가격을 책정하는 방법이다. 그런데 고객이 인식하는 가치를 무엇으로 볼 것인가에 따라 가격책정방법을 다양하게 구분할 수 있다.

- **가치기준 고정가격** : 의약품이나 자동차와 같이 기능이 중요한 제품의 경우, 고객이 그 제품에 대해 기대하는 효용은 대부분 그 제품이 제공하는 기능이나 성능을 의미한다. 예를 들어 혈압 강하제는 혈압강하 효능이 중요하고 고성능 자동차는 성능, 신뢰성이 중요하다. 이러한 시장에서는 가격책정에 있어 경쟁을 반드시 고려하여야 한다. 고객이 가격과 기능을 복합적으로 고려해 제품을 선택하기 때문이다.
- **고객유보가격** : 유보가격이라함은 판매자 입장에서 판매(혹은 판매협상)를 포기 하지 않는 가장 낮은 선의 가격, 혹은 동시에 구매자가 구매를 포기하지 않을 가장 높은 가격을 의미한다. 즉, 구매자가 지불할 의사가 있는 가장 높은 가격 또는 판매자가 실제 판매를 할 수 있는 가장 낮은 가격이며 시기와 조건 등에 따라 구매자나 판매자 마다 제각기 주관적으로 나타나게 된다. 판매자와 구매자마다 가격이 다르게 나타날 수 있다는 말이다. 이러한 상황에서 기업이 최대의 수익을 실현할 수 있는 방법은 각 개인별 최대 지불가능수준으로 가격을 책정하는 방법이다. 즉 고객에 따라 다르게 가격을 책정하는 것이다. 이러한 가격책정방법은 일반적으로 제품의 경우보다는 서비스업에서 흔히 볼 수 있다. 제품의 경우에는 대부분 표준화가 되어 있고 제품 간 가격비교가 용이하기 때문에 동일 제품에 다양한 가격을 책정하는 것이 현실적으로 어렵다. 반면 서비스업의 경우에는 판매자가 세부적인 고객정보를 많이 가지고 있

고 고객입장에서는 제품이나 서비스에 대해 특징적인 차이점을 명확히 인식하기 어려운 경우가 많기 때문에 고객유보가격을 적용하기가 상대적으로 쉬워진다. 컨설팅업의 경우를 보면 비슷한 내용의 컨설팅이라도 대기업을 상대할 때와 개인고객을 상대할 때 투입되는 노력에 비해 부과되는 가격에서 큰 차이를 보인다. 더 지불할 수 있는 고객에게 더 높은 가격을 부과하는 것이다. 보통 이러한 방법을 제 1급 가격차별화라고 한다.

- **세분 가격** : 고객을 지역, 연령, 직업 등 특성을 기준으로 여러 집단으로 분류하고 각 집단에 대해서 가격을 다르게 책정하는 방법이다. 제3급 가격차별화라고도 한다. 보통 각 집단별로 수요탄력성을 고려하여 가격탄력성이 높은 집단보다 가격탄력성이 낮은 집단의 가격을 더 높게 책정한다. 이러한 세분가격 책정방법은 항공사의 비즈니스 · 일반고객 분류, 극장의 학생 · 경로 · 일반 분류 등 사례에서 볼수 있다.

- **대량구매 가격** : 대량 구매 시 가격을 할인해주는 가격책정방법이다. 대량구매 고객에 대해 가격할인을 해주는 이유는 일반적으로 대량구매 고객은 구매력을 갖게 되어 가격협상이 발생되며, 판매자의 입장에서도 규모의 경제가 실현되어 이익의 여지가 더 커지게 되는데 있다. 제 2급 가격차별화라고 한다.

- **2단계 가격** : 1차적으로 사용 권리에 가격을 부과하고 그 다음 사용량에 따라 가격을 부과 하는 방식이다. 일반적으로 최

초구매 후 이와 연관된 추가구매가 반복적으로 일어나는 경우에 많이 사용되는 방법이다. 적용사례로는 놀이공원의 입장료+탑승료, 휴대전화사용 시 기본료+통화료, 면도기의 면도기계+면도날 등을 들 수 있다.
- **묶음가격** : 판매자가 수개의 상품을 하나의 패키지로 묶어 하나의 가격을 책정해 판매하는 방법이다. 묶음가격은 수요가 적은 제품을 수요가 많은 제품과 연결하여 고객을 유도할 필요가 있을 때 많이 사용한다. 마이크로소프트의 오피스 제품이 대표적이라고 할 수 있다.

영업 계획을 구체화 하자

제품의 실제판매에 가장 큰 영향을 미치는 요인은 광고·촉진을 포함한 영업계획이다. 영업이 얼마나 효율적으로 수행되느냐에 따라 확보되는 고객의 규모와 비용이 결정된다. 당연히 영업 및 촉진 요소는 사업초기 매출규모와 비용을 결정하는 핵심적인 요인이 된다. 따라서 시장진입을 성공적으로 수행하기 위해서는 장단기 영업 프로세스에 대한 설계와 비용계획이 수립되어 있어야 한다.

영업프로세스 설계

일반적으로 사업초기에는 판매채널이 다양하지 못하고 시장의 반응을 종합적으로 수집하여 분석할 능력이 부족하므로 가까운 고객의 반응을 우선시하려는 경향이 있다. 가까운 고객의 반응은 단기적인 영업 계획을 세우는데는 도움이 되지만 시장을 확대해야만 하는 기업의 장기계획에는 큰 도움이 되지 않는 경우가 많다. 또 가까운 고객의 반응이 시장의 반응을 대표한다고 볼 수 없는 경우가 대부분이다. 영업계획은 반드시 시장 전체적인 관점에서 시기를 나누어 꼼꼼히 검토해야 한다. 영업방식은 어떤 산업분야에 해당되는지 제품의 특성이나 가격대는 어떻게 되는지에 따라 다양하게 나타날 수 있다. 하지만 영업계획을 수립하는데 있어서 다음의 사항은 반드시 고려해야 한다.

- **판매 주기** : 제품에 따라 판매주기가 다양하게 나타난다. 일반 소비재의 경우 판매주기가 짧게 나타나나 자본재적인 성격이 강할 수록 판매주기가 길어진다. 일반적으로 영업계획을 수립할 때 가장 짧은 판매주기만 고려하는 경향이 강하다. 실제 영업과정에서 계획보다 비용이 증가하게 되는 요인이므로 판매주기는 현실적인 수준으로 충분히 길게 책정하는 것이 필요하다.
- **총 영업비용** : 전체 영업과정에 소요되는 비용을 세밀히 점검하고 집계할 필요가 있다. 일반적으로 영업사원의 연봉이나 직접적인 영업도구에 소요되는 비용은 집계를 하지만 간접적

으로 소요되는 비용은 간과하는 경우가 많다. 하지만 이러한 비용을 꼼꼼히 체크하는 작업은 비용통제 및 효율성 제고를 위해서 반드시 필요한 과정이다.
- **신규고객 확보비용** : 현재 확보된 고객을 끌어들이기 위해 소요된 영업비용 뿐만 아니라 고객으로 끌어들이는데 실패한 고객이 몇 명이었는지를 파악하는 것도 중요하다. 이들 고객의 규모와 이들에게 들인 노력이나 비용을 종합적으로 파악하여야 전체적인 영업비용의 규모를 파악할 수 있다.

일반적으로 신규고객을 확보하기 위한 영업비용은 초기에 가장 높고 시간이 갈수록 감소하는 형태를 가진다. 어떤 분야이든 첫발이 가장 어렵고 힘든 법이다. 고객규모가 확대될 수록 영업비용이 감소하고 비용대비 효과는 증대한다. 그렇기 때문에 영업계획을 세울 때는 반드시 기간을 구분하여 접근하는 것이 좋다. 시기별로 확보하여야 하는 고객의 규모와 성격이 다르고 비용 구조가 다르게 나타날 수 있기 때문이다. 각 시기에 얼마나 빨리 도달할 수 있느냐는 전적으로 판매주기에 달려 있다.

기간별 고객획득비용 특성

구 분		단기	중기	장기
목표		신규 수요 창출 구매주문 확보	구매주문 확대 신규수요 창출	구매주문 이행
영업 도구	주	영업사원	유통채널	고객관리
	부	유통채널 다양한 광고채널	영업사원 고객관계 관리	다양한 광고채널
고객획득비용		높음	중간	낮음

고객획득 비용의 계산

　고객획득비용이란 한사람의 고객을 획득하기 위해 소요되는 비용을 얘기한다. 의외로 많은 창업가가 이 고객획득비용을 간과하거나 고려하더라도 제대로 직시하지 못한다. 그래서 앞으로 벌고 뒤로 밑지는 현상이 벌어진다. 특히 사업초기에는 고객획득비용이 제품의 판매를 통해 실현할 수 있는 가치를 훨씬 상회한다. 시간이 가면서 고객획득비용이 감소하고 수익이 비용보다 커지게 된다. 따라서 들어오는 돈보다 나가는 돈이 많은 사업초기를 어떻게 버티는가가 매우 중요하다.

　고객획득비용의 계산에는 반드시 전체 영업과정에서 발생하는 모든 비용을 포함하여야 한다. 영업의 전 과정은 어떤 형태로이든 고객획득과정에 영향을 미치기 때문에 각 과정에 소요되는 비용을 정량화 하는 것이 필요하다. 비용에는 투입시간, 소모되는 제품뿐만 아니라 비 영업부서에서 소요되는 비용까지 모두 포함된다. 고객획득비용의 추정내용은 영업상황에 따라 지속적인으로 조정하여야 한다.

보통 고객획득비용을 집계하는 방식은 두 가지로 나눌 수 있다. 상향식 방식과 하향식 방식인데, 하향식 분석 방식이 주로 사용된다.

- **상향식 분석** : 고객 한사람을 확보하는데 소요되는 모든 영업 관련 지출의 합계를 구해 산출하는 방식이다. 전체적인 체계를 잡기 어렵고 오류가 발생할 가능성이 크다. 신규 고객 한명을 늘리는데 드는 비용을 정확히 예측해 내기 어렵다.
- **하향식 분석** : 영업과 마케팅 비용을 기간별로 집계한 뒤 신규 고객수로 나누는 방식이다. 시기를 나누어 해당 시기에 소요된 제 비용을 집계한 후 해당기간에 새로 유입된 신규고객수로 나누기 때문에 계산이 용이하다.

Chapter 13
시장에 어떻게 진입할 것인가

날개 없는 선풍기, 먼지봉투 없는 청소기 등을 출시한 영국기업 다이슨. 창립자 제임스 다이슨의 이름을 딴 다이슨은 모국인 영국뿐만 아니라 전 세계 산업디자인 분야에 충격을 준 혁신기업의 대명사이다. 다이슨은 5,217이라는 숫자와 함께 유명해졌는데, 그 숫자는 다이슨의 대표 제품인 먼지봉지 없는 청소기를 완성하기 전에 만들어 보았던 값싼 프로토타입의 숫자이다.

창의적인 스타트업일수록 과제 초기에 실패를 많이 할 수 있는 방안을 고민한다. 초기에는 실패 비용이 매우 적기 때문이다. 특히 저렴하게 많이 실패할 수 있는 방법으로 프로토타입핑을 권장한다. 다각도로 연구하고 정밀하게 설계한 후 모형을 만들기보다는, 아이디어 단계부터 마분지와 풀과 같은 간단한 재료를 활용하여 먼저 모형을 만들고 아이디어를 계속해서 추가하는 방법을 말한다. 차별화된 디자인과 성능을 가지고 고가 청소기시장을 장악하고 있는 다이슨의 진공청소기도 이와 같은 과정을 거쳐 출시되었다. 어떤 상품을 시장에 내놓기 전에 설계도도 아닌 시제품을 5,000개가 넘게 만들었다는 것을 쉽게 상상할 수 있겠는가?

창업가는 잘 통제된 실패를 통해 책상위의 기획을 통해서는 도저히 얻을 수 없는 생생하고 구체적인 교훈을 얻을 수 있다. 그렇기 때문에 사업의 성공을 위해서는 통제 가능한 범위 내에서 되도록 많이 그리고 되도록 이른 시기에 실패를 경험하는 것이 매우 중요하다.

생산과 구체적인 마케팅계획이 세워지게 되면 이제 남은 과제 중 가장 중요한 것은 시장에 성공적으로 진입하는 것이다. 시장진입에 성공하여 안착하게 되면 일단 사업성공이 가시권에 들어온다.

그런데 대부분의 창업가는 시장이나 고객을 처음 접하게 된다. 창업가는 아직은 시장과 고객의 반응을 정확히 알 수가 없다. 그러다 보니 시장 진입과정에서 여러 오류를 범하게 된다. 일반적으로 창업가가 범하기 쉬운 전략상의 오류를 알아보자

시장진입 과정에서 흔한 오류

일반적으로 신사업을 추진하는 과정, 특히 초기 시장진입 과정에서 흔히 저지르는 오류는 다음과 같다.

준비과정에서 과도한 완벽 추구

충실한 시장조사와 사업계획은 성공창업을 위해 반드시 필요한 요소이다. 준비 없는 창업은 말 그대로 실패를 예약하는 것과 마찬가지다. 매스컴이나 창업관련 서적에서도 창업 전에 철저한 시장조

사와 계획을 강조한다. 당연히 창업가들도 사업준비 과정에서 철저한 시장조사와 완벽한 사업계획 수립을 위해 노력한다. 혹시 놓치고 있는 부분은 없는지, 혹시 더 준비해야 되는 것이 있지는 않은지 항상 불안하다. 그래서 시장조사와 사전 사업계획에 점점 더 완벽을 기울이게 된다.

그런데 창업가가 사전 준비에 완벽을 기울이게 되면 모든 리스크가 없어지고 창업 성공률이 획기적으로 높아질까? 결론부터 말하자면 그렇지 않다. 어느 정도 수준까지는 사업의 안정성을 높이고 성공확률을 높일 수 있지만 완벽한 준비에 기울이는 노력과 비례해서 성공확률이 무한정 높아지지는 않는다. 왜 이러한 현상이 나타날까. 그 원인은 다음의 두 가지로 요약해 볼 수 있다.

첫째, 창업이 가진 기본적인 속성과 관련이 있다. 일반적으로 창업이라는 것은 창업가의 혁신적인 아이디어와 시장의 통념에 반하는 역발상에서 출발한다. 남과 같은 생각을 해서는 혁신적인 구조와 아이템을 찾아내는 것이 어렵고 성공은 더더욱 어렵다. 그렇기 때문에 혁신성과 역발상은 성공하는 창업가의 기본적인 자질이다. 그런데 혁신적인 아이디어와 역발상은 보편적인 시장의 통념에 반하는 것이기 때문에 기본적으로 리스크를 수반한다. 이제까지 누구도 시도해보지 않는 것이기 때문에 성공과 실패에 대해서는 아무도 장담하지 못한다. 직접 시도해서 시장의 반응을 보기 전에는 그 결과를 알 수 없는 미지의 세계다. 아무리 철저히 조사하고 준비해도 이러한 불확실성이 완전히 없어지지 않는다. 따라서 철저한 준비만큼 중요한 것은 사업 추진과정에서 필연적으로 발생할 수밖에 없는 여러 어려움에 어떻게 대응하고 극복하느냐이다. 이런 측면에서 완벽한 준비보다 더 중요한 것은 창업가의 역경을 극복하려는 자세다.

둘째. 창업과정에서 시장조사와 사업계획을 과연 완벽하게 할 수 있는가의 문제이다. 앞서 언급했듯이 사업을 준비함에 있어서 충분한 시장조사와 준비는 반드시 필요하다. 문제는 그 수준의 문제이다. 부실한 준비도 문제지만 과도한 준비도 문제가 될 수 있다. 시장조사와 계획에 아무리 많은 시간과 노력을 투자해도 어느 수준 이상이 되면 사업성공에 큰 영향을 미치지 못한다. 우선, 사전에 완벽을 시도하게 되면 시간과 에너지를 과도하게 소비하게 된다. 완벽을 기하다보니 너무 많은 자료를 수집하고 분석하고 처리하려고 한다. 그러다 보면 자료와 현상에 압도될 가능성이 높다. 창업가 개인의 능력에는 한계가 있다. 모든 것을 다 알고 완벽하게 준비할 수는 없다. 따라서 사업성공을 위해 가장 핵심적인 것은 무엇인지 파악하고 역량과 노력을 집중하는 것이 바람직하다. 그렇지 않으면 방향성을 잃고 결론 내기 어려운 잡다한 문제에 빠져 허우적거릴 위험이 있다. 설사 많은 노력을 기울여 나름대로 결론을 내더라도 그 결론이 정답이라는 보장도 없다. 정답은 시장과 고객만이 알고 있다. 따라서 정답을 알고 싶으면 시장과 고객의 반응을 보는 것이 가장 좋다. 그런데 완벽한 준비를 위해 시장조사와 계획에 과도하게 몰입하게 되면 가장 중요한 시장으로부터의 피드백 기회를 가질 수 없게 된다.

단기간에 과도한 비용 투입

　창업 시 사전준비에 완벽을 기하는 창업가일수록 과감한 사업추진의 오류를 잘 범한다. 나름대로 철저한 검토와 준비를 거쳤기 때문에 사업에 대한 자신감이 있다. 이제는 사전에 준비하고 계획한 대로 실천하는 것만 남았다. 그래서 과감한 투자를 감행한다. 사전에 철저한 준비를 했다고 자평하는 창업가일수록 이런 방식으로 창업에 도전하는 경우가 많다. 하지만 창업초기에 이렇게 한 번에 많은 비용을 과감하게 투자하는 방식은 그리 바람직하지 않다.

　아무리 철저한 준비를 거쳤다고 하더라고 사업을 추진하는 과정에서 미리 준비한 계획과 전략에 오류가 발생할 가능성은 항상 있다. 사업추진과정에서 오류가 발견되면 당연히 그 결과를 원래의 계획에 피드백 하여 수정하는 작업을 거쳐야 한다. 그런데 사업초기 한 번에 너무 많은 투자가 이루어지게 되면 사업 추진과정에서 오류를 발견하였더라도 전략이나 비즈니스모델을 수정하고 변경하기가 쉽지 않다. 투자비가 전략적 융통성을 가로막기 때문이다. 설사 발견된 오류가 핵심적이고 치명적인 것이어서 사업의 추진을 근본적으로 재검토할 필요가 있다고 할지라도 이미 투입된 막대한 투자비 때문에 사업에서 철수할 수도 없다. 이런 저런 수단을 강구하면서 어떻게든 손실을 만회하려고 시도한다. 그러면서 점점 잘못된 전략에 갇히게 되고 실패의 충격을 점점 키우게 된다.

당위성을 타당성으로 오해

충분한 시장조사를 거치지 않았거나 사업초기 과도한 투자를 한 창업가들이 저지르는 잘못 중 하나가 사업의 당위성과 타당성을 오해하는 것이다. 성공할 수 있어서 사업을 하는 것이 아니라 성공해야만 하기 때문에 사업을 추진한다. 내가 좋아하니 고객과 시장이 내 사업 아이템을 반드시 받아들여 줄 거라고 생각한다거나 내 인생을 투자해 사업을 추진하고 있으니 반드시 성공할 수 있을 거라고 생각하는 경우이다.

이를 진취성으로 착각하는 경우가 많은데 해야만 해서 하는 것과 할 수 있는 것을 하는 것은 엄연히 다르다. 해야만 해서 하는 것은 사업이 추구하고 있는 본질적인 가치와는 별 상관이 없는 경우가 많다. 대부분 여러 상황논리가 창업가로 하여금 객관적 시각을 잃게 만들고 특정한 방향으로 몰아가기 때문에 발생한다. 사업추진 과정에서 치명적인 오류가 발견 되었어도 '이 사업에서 성공 못하면 큰일 난다. 막대한 손실과 대출금을 해결할 방법이 없다. 어떻게든 성공하게 만들어야 한다.'고 생각한다. 이런 상황에 몰리면 대부분 객관적인 시각을 잃기 쉽다. 어느 틈엔가 사업이 성공해야만 하는 당위성이 객관적인 타당성을 대체한다. 그러면서 사업은 점점 악화된다.

창업자가 가지기 쉬운 오해

1 우리는 이 제품이 정말 좋다고 생각한다. 따라서 고객들은 이 제품을 구매할 것이다.
2 이 제품은 기술적으로 정말 훌륭하다. 따라서 고객들은 이 제품을 구매할 것이다.
3 고객들은 이 제품을 정말 훌륭하다고 생각하는 우리 의견에 동의할 것이다.
4 고객이 구매처를 바꿔 우리 제품을 구매하는데 큰 장애(위험) 요인이 없다
5 이 제품은 정말 시장에 나오기만 하면 잘 팔릴 것이다.
6 우리는 해당 제품을 제시간에 적정 예산으로 생산할 수 있다
7 필요한 직원을 채용하는데 아무런 문제가 없을 것이다.
8 경쟁자는 통상적이고 합리적인 방법으로 반응할 것이다.
9 우리는 경쟁으로부터 우리의 제품을 보호할 수 있다
10 우리는 이익이 증가하면 가격을 신속히 내릴 수 있다.
11 회사 내의 전 구성원은 회사의 전략을 지원하고 필요로 하는 도움을 제공할 것이다.

자료 : McGrath and MacMillan(1995), "Discovery-Driven Planning", Harvard Business Review, July-August

바람직한
시장진입 방법

창업과정에서 부딪히는 다양한 이슈 중 가장 중요한 것 중 하나가 시장진입 방법이다. 시장에 진입한다는 것은 시장과 고객에게 창업가의 사업 아이템을 처음 선보이는 과정이기 때문에 사업의 성패를 가늠할 수 있는 매우 중요한 과정이다. 고객의 반응이 어떨지 모르기 때문에 최대한 여러 유통채널을 확보하기위해 노력하고 광고와 촉진에도 투자를 아끼지 않는다. 이런 전략적 노력을 통해 고객에게 조금 더 접근할 수 있지만 문제는 비용지출의 크기만큼 위험도 커졌다는 것이다.

새로운 사업 아이템을 가지고 시장에 진입하는 것은 시장과 소비자의 소비습관이나 소비행동에 변화를 요구하고 설득하는 것이라고 할 수 있다. 마치 협상테이블에 앉은 협상가와 같다. 협상가는 상대의 요구와 나의 요구를 합하고 조정하여 서로 만족할 수 있는 안을 도출한다. 그런데 아무리 뛰어난 협상가라도 단번에 나와 상대방이 동시에 만족할 수 있는 안을 도출하지는 못한다. 우수한 협상가 일수록 서로의 요구를 파악하고 조금씩 조정하는 능력이 뛰어나다. 창업 아이템을 가지고 시장에 진입하는 것은 이러한 협상의 절차와 본질적으로 같다. 소비자가 원하는 바에 맞추어 가치를 제공하고 그 대가로 금전적인 보상을 얻는다. 그 가치와 댓가가 상호 납득이 되어야 거래가 성립된다.

앞서 얘기 했지만 모든 새로운 사업 아이템은 태생적으로 불확실성과 리스크를 포함할 수밖에 없다. 일단 시장에 진입해보니 예상해지 못했던 사소한 문제 때문에 고객이 구매를 거부할 수도 있다. 심각한 오류가 발생하여 비즈니스 모델 자체를 재검토해야 할 수도 있다. 창업가가 제시하는 조건과 시장이 원하는 조건이 맞지 않을 수 있는 것이다. 그러므로 새로운 창업아이템으로 시장에 진입하는 가장 좋은 방법은 사업진행 과정에서 리스크와 미확인 요소를 찾아내고 이에 적절히 대응하는 것이라고 할 수 있다. 일반으로 우수한 방법이라고 생각하는 '치밀한 사전계획후 과감한 사업추진' 방식을 적용하게 되면 목적지에 도달하고 나서야 오류와 문제점을 발견하게 될 가능성이 크다. 이때는 이미 투자비나 고객의 반응을 되돌릴 수 없는 경우가 많기 때문에 사업 실패 가능성이 높아지고 그 결과도 치명적인 경우가 많다. 따라서 불확실성이 큰 신사업일수록 단계적 시장진입과 시장의 반응으로부터 전략을 이끌어내는 출현 전략적 접근방법을 사용하는 것이 바람직하다.

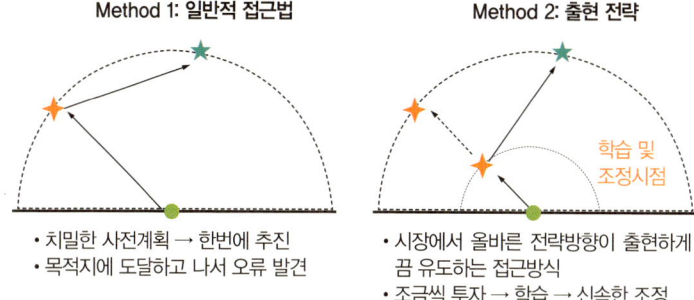

자료 : The Innovator's Guide to Growth: Putting Disruptive Innovation to Work, Scott D. Anthony et al., Harvard Business Press, 2008.

출현 전략적 접근법의 적용절차는 다음과 같다

■ **STEP 01** 불확실성이 존재하는 핵심영역 파악

먼저 발견한 기회(opportunity)의 성격을 세밀히 파악하고 이를 통해 목표를 설정하여야 한다. 대부분 전략수립 시 목표 그 자체를 중시하는 경향이 있고 전략수립에 사용된 여러 가지 가정들을 간과하기 쉽다. 신사업 추진시에는 여러 가지 가정을 통해 전략을 수립하고 이를 근거로 목표를 설정하게 된다. 따라서 전략과 목표 설정에 여러 가지 불확실성과 리스크가 존재할 수 있다. 따라서 목표 달성을 위한 전략과 전략수립에 사용된 가정에 대해 세밀하게 검토할 필요가 있다. 경험에 의해 형성된 암묵적 가정이 적용되지 않았는지 살펴보고 전략 추진과정에서 발생 가능한 리스크 목록을

작성하여 관리하는 것도 필요하다.

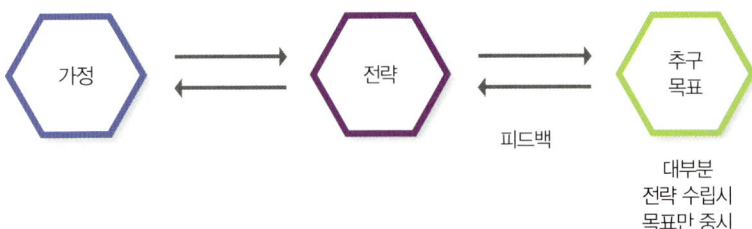

　이때 유용하게 사용할 수 있는 방법이 피드백우선순위 매트릭스다. 전략에 대한 자신감과 오류발생시 전체 전략에 미치는 영향을 양축으로 하여 가정과 전략을 구분하고 우선순위를 정하여 하나씩 검증한다. 분석내용을 기반으로 피드백 우선순위를 정하는데, ①영역의 요소는 즉각적인 재검토와 피드백이 필요한 경우이도 ②영역과 ③영역으로 이동할수록 검증 및 피드백 우선순위가 떨어진다. ①영역은 주로 소비자와 시장요인, ②영역은 가격요인, ③영역은 지리적 확산 등과 관련된 내용인 경우가 많다.

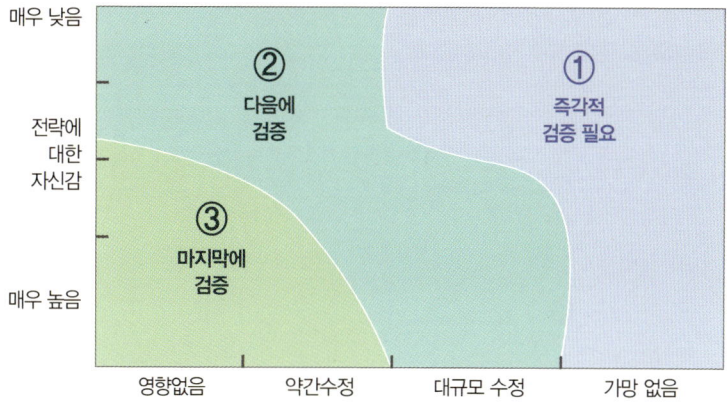

자료 : The Innovator's Guide to Growth: Putting Disruptive Innovation to Work, Scott D. Anthony et al., Harvard Business Press, 2008.

■ **STEP 02** 실험(테스트)를 통한 위험 완화 전략

사업성공을 위해 가장 효과적인 방법은 본격적인 사업추진 전에 단계적으로 투자를 시행하여 시장 테스트 단계를 거치면서 시장 피드백을 통해 학습하는 것이다. 즉 사업초기에는 실패에 따른 충격을 최소화할 수 있도록 되도록 적게 투자하고 시장에 대해 많이 학습하는 것이 중요하다.

시장테스트의 방법

성공을 위한 열쇠 : 적게 투자 & 참여학습
- 프로토 타입 제작, 검토 필수
- 착수 전에 반드시 테스트
- 직접 구매 전에 렌트나 대여
- 정식 고용 전에 계약직
- 직접 생산 전에 외부 조달
- 실행전에 다양한 조사

전략적 실험
- 지역 한정 출시(지역적 테스트)
- 상품 베타 테스트(한정 고객 / 내부직원)
- 주위 사람들의 평가
- 고객 관점에서 구매 / 이용해 보기
- 유사 사례 수집
- 투자가, 산업전문가, 창업전문가 조언

■ **STEP 03**　시장 테스트 결과를 반영한 전략 수정

테스트의 목적은 도출된 결과를 학습하여 이를 성공의 발판으로 삼는데 있다. 실패의 가능성을 인정하고 실패하더라고 피해를 최소화하는 반면 실패에서 되도록 많은 것을 학습하는 것이 중요하다. 성공 가능성을 높이기 위해서는 테스트의 결과를 전략에 신속하게 반영하여 수정하고 이를 실행하는 것이 중요하다.

학습된 지식을 활용한 전략 재검토

- 잔존위험요소의 양
- 다음 테스트 소요 비용
- 테스트를 통한 학습정보의 양과 질
- 기회의 긍정적 잠재력

확신
- 현재 전략이 성공적일 것이라는 확신
- 신속하게 실행

지속실험
- 자료는 긍정적
- 검증되지 않은 핵심 가정 존재

방향수정
- 전략수정
- 수정후 실험(테스트) 재실행

정리
- 분명한 전망이 보이지 않음
- 정리

캐즘을 고려하자

혁신적이고 새로운 제품이 시장에 소개될 때 처음부터 모든 소비자의 관심을 끄는 경우는 극히 드물다. 처음에는 소수의 관심과 선택을 받다가 점차 대중시장으로 확대해 가는 패턴을 보이는 것이 보통이다. 에버렛 로저스(Everett Rogers)의 저서 '혁신의 확산(Diffusion of Innovation)'을 보면 혁신적인 제품이 시장에서 확산되어 가는 과정이 혁신확산모델로 정리할 수 있다. 혁신이 확산되어 가는 과정에 따라 혁신수용자, 즉 소비자의 특성이 다르게 나타난다. 도입초기에는 소수의 혁신자(innovator)와 조기수용자(early adopter)만 그 혁신을 수용하다가 점차 조기다수(early majority), 후

기다수(late majority), 최종수용자(laggard)에게 확산되어 간다. 각 집단은 새로운 것을 받아들이는 성향이나 인구통계학적 특성이 상이하다. 혁신적인 신제품이 시장에 소개되어 시장에서 확산되는 과정은 이러한 절차를 따라가는 것이 일반적이다.

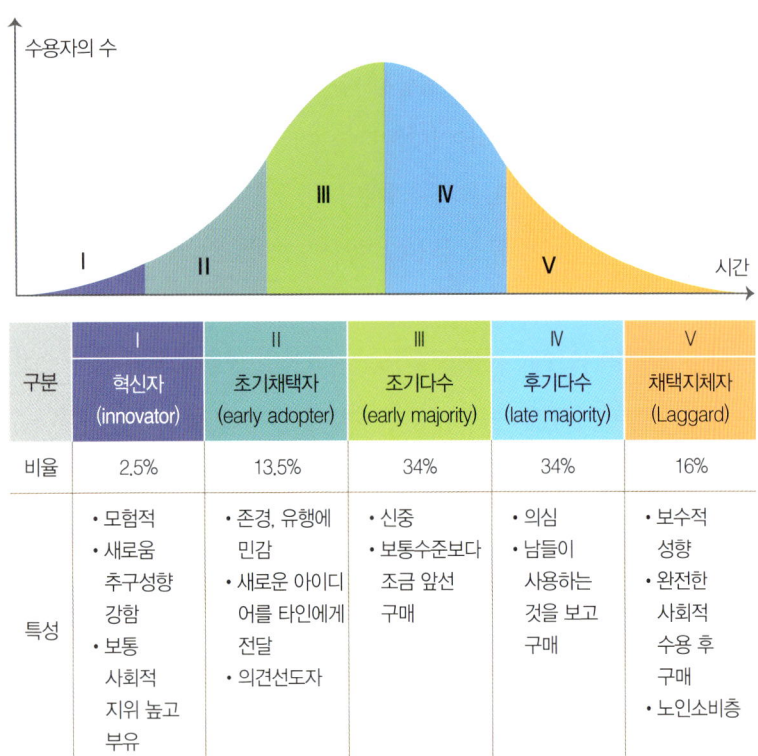

구분	I 혁신자 (innovator)	II 초기채택자 (early adopter)	III 조기다수 (early majority)	IV 후기다수 (late majority)	V 채택지체자 (Laggard)
비율	2.5%	13.5%	34%	34%	16%
특성	• 모험적 • 새로움 추구성향 강함 • 보통 사회적 지위 높고 부유	• 존경, 유행에 민감 • 새로운 아이디어를 타인에게 전달 • 의견선도자	• 신중 • 보통수준보다 조금 앞선 구매	• 의심 • 남들이 사용하는 것을 보고 구매	• 보수적 성향 • 완전한 사회적 수용 후 구매 • 노인소비층

자료 : 김영석 · 강내원 · 박현구 옮김(2005), 「개혁의 확산」, 커뮤니케이션북스.

보통 창업초기에 성공을 거두게 되면 그 성공에 고무되어 앞으로도 계속 성장이 순조롭게 지속될 것이라는 희망을 갖기 쉽다. 본격적인 시장 확대가 예상되기 때문에 이에 대비해 조직을 확대하고 투자를 늘린다. 그런데 순조로울 것으로 예상했던 사업이 갑자기 정체에 빠진다. 정체에 빠지게 되는 순간 사전에 투자했던 비용이 고스란히 부담으로 되돌아온다. 창업시장에서는 이런 상황을 흔히 볼 수 있는데, 이러한 현상이 발생하는 원인은 다양하지만 가장 대표적인 것이 캐즘에 대한 이해 부족이다.

캐즘이란 무엇인가

조프리 무어(Geoffery Moore)는 로저스의 혁신확산모델을 이용하여 혁신 제품의 확산에 대해서 연구한 결과 혁신제품의 확산과정에서는 캐즘(chasm)이라는 현상이 나타나므로 이를 이해하고 대비해야 한다고 주장하였다. 캐즘이란 지질학 용어로, 지각변동 등의 이유로 지층 사이에 생긴 큰 틈이나 단절을 의미한다. 무어는 기술이 중시되는 시장에서는 혁신확산의 전 과정이 매끄럽게 연결되지 않고 한 소비자 집단에서 다음 집단으로 이전되는 과정에서 단절이 생긴다고 주장하였다. 즉 새로운 제품을 받아들이는데 각 집단별로 서로 다른 저항요인이 있다는 것이다. 특히 조기채택자에서 전기다수로 확산되는 과정에서 가장 큰 단절이 발생하는데 이 큰 단절을 캐즘이라고 명명하였다. 캐즘은 혁신적인 제품이 진보적 성향의 초기 시장에서는 환영받다가 시장이나 매출의 본격적인 확대가 기대되는 상황에서 갑자기 매출이 지지부진해지거나 급격히 하락하는 현상을 잘 설명해 준다. 일반적으로 캐즘은 기존에 시장에 소개되지 않았던 새로운 기술이나 혁신적인 요소가 많이 포함된 제품·서비스일수록 확실하게 나타난다.

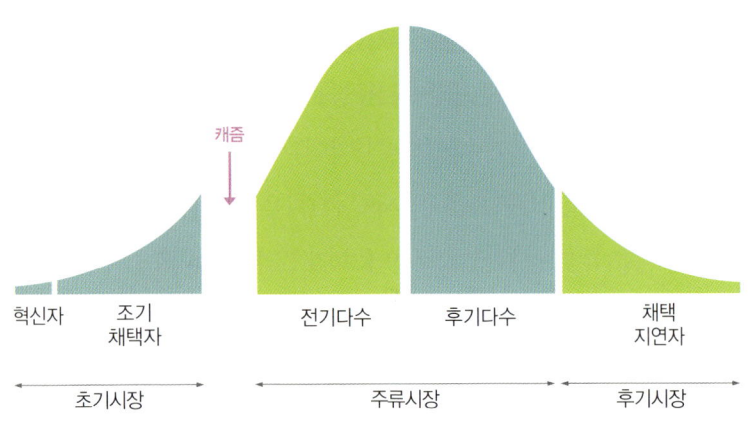

캐즘이 발생하는 가장 큰 원인은 초기시장의 소비자와 주류시장의 소비자 특성차이에서 찾을 수 있다. 기본적으로 조기채택자는 혁신성이 강하고 새로운 것에 높은 가치를 두기 때문에 제품의 완성도 측면에서 조금 부족한 부분이 있더라도 이를 감수한다. 가격에 대해서도 크게 신경 쓰지 않는다. 반면 조기다수는 일단 대중시장의 특성이 강하다. 실용성을 중시하는 가치관을 가지고 있다. 새로운 것도 중요하지만 검증된 안정성이 우선이다. 가격에도 상대적으로 민감하다. 양 소비자집단은 혁신수용주기모델의 사이클 상 인접해 있지만 그 성격과 중시하는 요소가 완전히 다르다. 따라서 조기수용자 시장에 진입해 있는 제품이 대중시장으로 확산되기 위해서는 기존과 완전히 다른 제품전략과 마케팅 전략을 적용할 필요가 있다.

조기 채택자와 조기다수 소비자 집단의 차이

구분	조기채택자	조기다수
성향	혁신주의자	실용주의자
가치판단기준	새로움에 가치부여	안정성에 가치부여
위험감수성	높음	낮음
완성도 평가	부족한 부분 감수	부족한 부분 거부
가격	상대적으로 둔감	상대적으로 민감

캐즘의 극복방법은 무엇인가?

제프리 무어 교수가 제시하고 있는 캐즘의 극복 방법은 다음과 같다.

첫째. 주류시장의 틈새시장을 먼저 선정하여 순차적으로 공략하여야 한다. 조기수용자 시장에서 성공했다고 하더라고 해당 제품을 그대로 가지고 주류시장을 한 번에 공략하지 말아야 한다. 시장의 성격이 완전히 다르기 때문에 조기수용자 시장과 유사한 특성을 보이는 틈새시장을 먼저 공략한 후 차츰 주변시장으로 확산시켜 나가는 것이 효과적이다.

둘째, 주류시장에는 완전완비제품 출시하여야 한다. 조기 수용자시장에서는 제품에 적용된 기술의 혁신성을 중시한다. 따라서 다른 사소한 미비점은 기꺼이 감수한다. 새로운 기술에 대한 선호도가 워낙 높기 때문이다. 그러나 주류시장은 다르다. 조그만 하자도 용납되지 않는다. 새로운 기술도 중요하지만 완성도도 중요하다. 그러므로 주류시장에 진입하기 위해서는 조기수용자시장에서의 테스트 결과를 바탕으로 비미한 점을 적극적으로 수정·보완하여야 한다. 주류시장에는 되도록 미비점이 완전히 수정·보완된 제품으로 진입하여야 한다.

Chapter 14
영업전략의 조정

창업가 A씨는 음식업 경영과 육류업체에서의 근무 등을 통해 업계의 경험을 충분히 쌓은 후 육류도매업체를 창업하였다. 사업성공을 위해 치밀한 준비를 했고 오랜 경험을 통해 사업성 공을 위한 노하우도 체득하고 있었다. 사업초기 상당한 매출을 달성하였고 이에 고무된 창업 가 A씨는 이익증대를 위해 도매업에서 육류가공업으로 사업을 확장하기로 하고 자가 육류가 공공장을 착공하였다.

이과정에서 문제가 발생하기 시작했다. 사업장 신축기간 동안 매출이 지속적으로 감소하기 시작했고 민원처리 및 폐수처리시설 확충 등에 원래 예상했던 규모보다 자금이 더 투입되었 다. 매출은 줄고 비용과 투자는 늘어났으나 자기자본으로는 더 이상 충당이 안되 외부차입금 이 증가하기 시작했다. 운영자금도 항상 부족했으나 제대로 파악하지 못했다. 전체적으로 소 요자금이 늘어나자 매출증대를 위해 매출처를 무리하게 확대했고 영업전략도 매출액위주로 짜기 시작했다. 그러나 무리한 매출액 위주의 영업전략을 적용하여 판매할 수록 이익은 감소 하는 현상이 발생했다. 무리한 생산물량과 일정을 맞추기 위해 인력을 대규모로 투입하여 판 매수익 대비 인건비가 과다하게 발생하게 되었다. 이런 상황이 반복되자 차입금 상환은 고사 하고 차입금 이자를 갚는 것도 벅차게 되었다.

창업기업이 시장에서 본격적으로 생산과 영업에 돌입하게 되면 경쟁 등 외부환경과 충돌이 일어나게 되고 당연히 원래 계획대로 사업이 진행되지 않는다. 매출이나 비용도 원래 예상했던 것과 차이가 발생하게 된다. 매출이 계획보다 적거나 더디게 증가하기도 하고 기업의 운영이나 영업에 추가적인 비용이 발생하기도 한다. 매출이나 비용이 원래의 계획과 다르다는 것은 수익이 계획대로 발생하지 않는다는 것이고 이는 기업의 자금계획에 문제가 발생할 수 있다는 것을 의미한다.. 제품자체가 고객에 대한 가치제공에 실패한 경우가 아니라면 가격전략을 수정하거나 비용절감 노력을 기울여 위기를 탈출해야 한다. 매출이나 수익이 예상보다 적게 나타나는 경우는 크게 다음의 세 가지 경우로 요약된다.

- 고객을 확보하는데 예상보다 시간이 더 소요된다.
- 계획보다 비용이 더 발생한다.
- 가격책정 전략에 문제가 있다.

판매목표의 조정

대부분의 창업가는 자신의 사업을 긍정적으로 보는 경향이 있다. 일부의 고객 반응에 불과할지라도 자신의 제품이나 서비스에 긍정적인 고객의 반응만 기억하려고 한다. 이러한 반응만 주목하게 되면 사업계획 시 판매주기를 짧게 잡을 가능성이 커진다. 하지만 실제로 영업을 해보면 처음 예상대로 쉽게 고객이 유치되지 않는다. 고객이 계획대로 유치되지 않는다는 것은 기업의 매출계획에 차질이 생긴다는 것이고 이는 기업의 재무계획에 직접적으로 영향을 미친다.

매출이 변동되는 것은 단순히 매출 스케줄의 변경만을 의미하지는 않는다. 매출증가가 지지부진한 상황에서 매출을 올리기 위해서는 영업과 마케팅 활동에 더 많은 비용을 투입해야 한다. 영업사원을 더 투입하고 광고도 늘려야 한다. 예정에 없던 전시회를 개최하거나 샘플의 배포가 늘어날 수도 있다. 따라서 판매계획에 차질이 생긴다는 것은 비용지출 계획에 차질이 생긴다는 것을 의미한다.

매출상황은 기업의 전반적인 재무상황에 직접적인 영향을 미치기 때문에 만일 계획대로 매출이 일어나지 않는다면 반드시 매출계획과 함께 연계된 재무계획을 수정해야 한다. 이제까지 실적을 기반으로 매출계획을 최대한 현실적인 수준으로 수정하고 관련된 재무계획을 재검토하여야 한다. 일반적으로 매출계획이 지연 조정되면 더 많은 운영자금이 필요하게 된다. 따라서 충분한 운영자금을 확보할 수 있는 방안을 같이 고려해야 한다.

일반적으로 최초 고객을 유치하는 것이 가장 어렵고 시간과 비용이 많이 소요된다. 일단 고객유치가 시작되면 그 어려움과 비용은 서서히 줄어드는 경향을 보인다. 그러므로 사업초기에 충분한 여유자금을 미리 확보해 놓는 것이 매우 중요하다.

비용의 통제

앞에서도 언급했듯이 매출이 예상보다 더디게 증가하고 있다는 것은 기업의 재무상황에 문제가 발생할 가능성이 커졌다는 것을 의미한다. 이를 해결하기 위해서는 어떻게든 매출을 늘리든지 비용을 줄여야 한다. 비용은 매출에 비해 창업가의 노력을 통한 통제나 절감이 용이하다. 통제나 절감의 대상이 되는 비용은 다음 두 가지를 들 수 있다.

첫째 영업관련 비용이다. 영업관련 비용을 철저히 점검하여 효과가 없는 비용의 지출은 최대한 절감한다. 가능한 범위 내에서 프로세스를 자동화하고 잠재고객의 발굴비용을 최대한 줄여야 한다. 사업분야나 상황에 따라 다르겠지만 일반 고객의 유치율이 낮은 전시회나 박람회참가 등의 아웃바운드 마케팅보다는 실제 구매율이 높은 인바운드 마케팅 도구의 사용을 검토한다. 유통채널도 재검토한다. 유통경로는 고객에게 다가가는 통로라는 의미뿐만 아니라 기업의 마진폭을 결정한다는 의미에서도 중요하다. 대부분의 경우 유통경로가 결정됨과 동시에 마진폭이 결정된다. 유통경로의 가격 결정권이 강해졌기 때문이다. 마진을 최대한 확보하면서 판매에 효과적인 경로를 검토하고 만일 현재의 유통경로가 고객확보에 효과적이지 않으면서 고비용구조라면 과감하게 경로전략을 수정한다.

둘째 운영자금이다. 비단 매출부진이 일어난 경우가 아니라도 창업초기에는 되도록 운영자금을 절감하려는 노력이 필요하다. 사업추진과정에서 사전에 고려하지 못했던 숨겨진 비용이 나타나고 계획했던 비용도 늘어나는 것이 일반적이기 때문이다. 먼저 절감해야 할 대상은 고정비용이다. 운영과 관련된 고정비에는 사무실 임대료나 급여 등이 있다. 사업 초기에는 될 수 있는 한 사무실을 얻지 않고도 사업을 진행할 수 있는 방법을 모색하고 만일 사무실을 얻어야 한다면 규모를 최소화하여야 한다. 직원도 최소화하고 급여가 많지 않아도 자기 일같이 해줄 직원을 모집해야 한다. 가장 먼저 고려할 수 있는 대상이 가족이나 친척이다. 타인일 경우에는 낮은 보수 대신에 장기성과 공유에 대한 비전을 제시하면서 파트너의 개념을 적용하는 것도 가능하다. 이때 막연히 '잘되면 나누자'라고 구두로 약속하는 경우가 많은데, 이런 경우 대부분 시간이 지나면서 갈등이 생길 수 있으니, 우리정서에는 다소 안 맞더라도 매출 얼마, 이익 얼마일 때 성과를 어떻게 나누겠다는 내용을 담아 미리 계약서를 작성하는 것이 좋다. 공증을 받는 것도 좋은 방법이다. 각자 성공을 판단하는 기준이 다르기 때문에 이런 대비를 하지 않으면 분쟁이 발생하기 쉽다. 비즈니스 세계의 현실은 정글이다. 상황이 바뀌면 기준과 신념도 바뀌는 것이 일반적이다. 특히 금전적인 문제에서는 더욱 그렇다.

가격의 조정

가격은 판매수량과 함께 수익의 규모를 결정하는 중요한 요인이다. 판매가 계획대로 달성되지 않는 원인 중 하나이기도 하다. 또한 기업의 경쟁력에 영향을 미치기도 하고 장기 생존에 영향을 미치기도 한다. 일반적으로 사업진행 중에 검토할 수 있는 가격조정 전략은 다음과 같은 것이 있다.

가격의 인상·인하

기업은 경쟁력을 확보하고 수익성을 높이기 위하여 전략적으로 가격을 인상하기도하고 인하하기도 한다. 특히 경쟁이 치열한 시장에서는 적절한 가격의 조정이 매우 중요하다. 비즈니스모델의 구성요소 중에서도 가격체계는 가장 변경이 많이 일어나고 또 변경이 가장 많이 필요한 요소이다. 일반적으로 가격의 인상·인하전략에 영향을 미치는 요인은 다음과 같다.

- **수요의 가격탄력성** : 가격의 변동에 따라 소비자의 수요가 어느 정도 변경될지 파악하는 것이 매우 중요하다. 가격탄력성이 높은 제품일수록 가격변동 전략의 실행에 신중해야 한다. 보통 수요의 가격탄력성에 영향을 미치는 요소로는 대체제의 존재 여부, 전환비용, 소비자의 총 지출금액에서 차지하는 비중 등이 있다.
- **경쟁자의 반응** : 경쟁자의 반응도 가격을 조정하는데 중요한 역할을 한다. 만일 경쟁자의 가격조정 능력이 낮다면 자사의 가격조정 전략은 더 효과적일 수 있다. 만일 충분한 시장 점유율을 확보하고 있는 경우라면 가격을 낮게 유지하여 저수익 구조를 유지하는 것만으로도 경쟁자의 시장 진입을 억제할 수 있다.
- **추가생산 시 한계비용** : 한 단위 추가 생산에 소요되는 비용이 가격책정에 영향을 미친다. 만일 수요확대를 위해 가격인하를 결정했다면 추가 생산에 따르는 비용의 증가도 같이 고려하여야 한다. 만일 한계비용이 낮다면 가격인하 전략을 사용하기 용이해진다.

스키밍(skimming) 전략

신제품을 출시할 때 경쟁자가 없다면 고가에 가격을 책정하여 충분한 수익을 확보한 후 후발 경쟁자 진입 시 경쟁을 고려하여 가격을 인하할 수 있다. 스키밍 전략이 성립될 수 있는 가정은 대부분의 신제품 초기시장은 가격 비탄력적이라는데 있다. 앞서 혁신확산 모델에서도 살펴보았듯이 초기 수요수용자 집단에서는 새로움에 크게 가치를 두기 때문에 단순히 가격을 낮춘다고 해서 수요가 확대되고 가격을 높인다고 해서 수요가 줄어들지는 않는다.

침투가격전략

초기에 저가나 무료로 가격을 책정하여 시장점유율을 확대한 후 가격을 정상화하는 방법이다. 보통 고정비 대비 변동비의 비율이 낮은 경우에 효과적이다. 변동비 비율이 적다는 것은 생산량에 따른 생산비용의 차이가 크지 않다는 것을 의미한다. 주로 대량 복제 생산이 가능한 소프트웨어 등의 지식기반 제품이 이에 해당된다.

다음과 같은 사례를 통해 침투가격전략의 효과에 대해 알아보자. 회사 A와 B는 2009년에 같은 소프트웨어를 개발해서 동시에 시장에 출시하였다. 당연히 두 회사의 제품은 경쟁관계에 있는데, 제품을 생산하고 판매하는 비용은 모두 동일하였고 단지 가격만 달랐다. A는 침투가격전략을 사용하였고, B는 정상적인 가격전략을 사용하였다. 각 회사의 비용구조와 판매량, 연도별 책정 가격은 다음과 같다.

- 연간 고정비는 5억원, 제품당 판매변동비는 5원으로 양사 동일
- 사업을 시작한 2009년의 시장점유율은 각각 50%
- 향후 총 시장규모는 2009년 1백만개, 2010년 1천만개, 2011 11억개로 예측됨
- A사는 2009년에는 무료배포, 이후 200원에 판매,
- B사는 처음부터 200원에 판매

양사는 동일한 제품과 비용구조를 가지고 있으나 단지 가격 전략만 다르게 적용하였다. 시장의 규모가 작은 초기에는 양 사 모두 적자를 면치 못하고 있다. 특히 초년도에 무료배포를 감행한 A사의 경우에는 B사보다 적자폭이 더 컸다. 그러나 이러한 전략의 결과 A사의 시장점유율은 50%에서 80%로 상승했다. 시장점유율의 변동으로 인해 2010년이 되면 양상이 완전히 달라진다. 무료배포를 통해 시장 점유율을 급속히 확대한 A사는 2010년에 정상가격으로 복

귀하면서 이익이 급속히 증가하였고, 시장점유율이 낮아진 B사는 전체 시장규모가 커졌지만 그 혜택을 전혀 보지 못하고 있다. 이익의 격차는 점점 커져 이후에는 가격조정 전략만으로는 B사가 A사를 따라잡을 수 있는 길을 찾기 힘들어 진다.

가격전략 차이에 따른 성과요약

	2009년			2010년			2011년		
	market share (%)	market share (천개)	이익 (백만원)	market share (%)	market share (천개)	이익 (백만원)	market share (%)	market share (천개)	이익 (백만원)
A사	50%	500	-500,0	80%	8,000	1,060,0	80%	80,000	15,100,0
B사	50%	500	-402,5	20%	2,000	-110,0	20%	20,000	3,400,0
계	100%	1,000	-902,5	100%	10,000	950,0	100%	100,000	18,500,0

침투가격전략이 성공하기 위해서 가장 중요한 것은 공격적인 저가전략으로 확대된 시장점유율을 방어하고 유지할 수 있어야 한다는 것이다. 만일 저가 전략으로 확보된 시장점유율이 손쉽게 변할 수 있다면 침투가격전략의 효과는 줄어들 수 밖에 없다. 일반적으로 시장점유율 방어를 위해 사용하는 방법은 다음과 같다.

- 특허를 통한 모방 방지
- 고객 충성도의 제고
- 전환비용의 제고

이중 전환비용은 고객을 자사제품에 묶어두는데 매우 중요한 역할을 한다. 일반적으로 전환비용은 한 제품에서 경쟁사의 다른 제품으로 전환하는 데 드는 비용을 말한다. 예를들어 우리가 많이 사용하는 마이크로소프트의 OS를 다른 OS(예를들어 맥OS)로 바꿀 경우 발생하는 시간과 노력 등의 비용 등을 들 수 있다. 이제까지 구입한 수많은 관련 프로그램을 포기해야 하고 익숙하지 않은 환경에 적응하는데 시간도 많이 소요된다. 이런 점이 모두 전환비용이다. 전환비용이 높아지는 경우는 다음과 같다.

- 제품의 사용에 학습이 필요한 경우
- 경쟁제품에서 사용 불가능한 연계상품이 다수 존재할 경우
- 네트워크 외부효과가 존재할 경우

Chapter 15
성장통에 대비하자

1981년 4월 30일, 피플익스프레스 항공이라는 신생 항공사가 미국 뉴저지 주 뉴어크와 뉴욕 주 버펄로 간의 노선에서 첫 취항에 나섰다. 피플익스프레스는 소위 말하는 저가항공의 사업모델에 충실한 항공사였다. 승객들에게 운임 이외의 어떤 서비스도 무료로 제공하지 않았고 심지어는 음료나 스낵도 유료로 판매했다. 설치비용이 많이 들어가는 컴퓨터 시스템에 투자하는 대신 기내 승무원들이 승객들로부터 직접 운임을 징수했다. 이러한 철저한 비용절감 노력에 힘입어 같은 거리를 자동차를 타고 갈 때 드는 비용보다도 저렴한 비용을 실현했다. 낮은 운임에 대한 고객들의 반응은 뜨거웠다. 피플익스프레스는 곧 여러 도시로 취항 노선을 확장하며 고속성장을 거듭했다.

외형은 날로 커져갔지만 문제점 역시 자라고 있었다. 승객과 노선 수가 기하급수적으로 늘어나는데도 전산 시스템에 투자하지 않고 전화로만 예약을 받는 시스템을 고집했다. 이로 인해 경쟁사에 빼앗기는 잠재 고객 수가 하루 6,000명가량으로 추산됐다. '오버부킹' 문제도 큰 걸림돌이었다. 손님들이 예약을 취소하지 않고 다 몰려들면 승객 중 상당수는 예약하고도 비행기를 타지 못했다. 그 결과 피플익스프레스에는 '피플 디스트레스(People Distress)'라는 불명예스러운 별명이 꼬리표처럼 따라붙었다. '급행(express)' 서비스가 아니라 '고통스러운(distress)' 경험만 안겨준다는 이유에서다.

피플익스프레스는 1985년 10월 프런티어항공을 인수했다. 프런티어항공의 전산시스템을 가져다가 문제를 해결하려고 했다. 하지만 '풀 서비스' 항공사였던 프런티어항공과 저비용 항공사였던 피플익스프레스의 시스템은 도무지 맞지가 않았다. 이후로도 상황은 더욱 악화돼 피플익스프레스 경영진은 프런티어항공을 인수한 지 1년도 안 돼 회사 전체를 매각했다. 피플익스프레스는 낮은 운임을 가능케 한 기발한 구상을 실천에 옮기면서 혜성처럼 등장했지만 회사의 성장에 걸맞은 핵심 역량을 키우는 노력을 게을리 했고 그 대가는 회사의 소멸이었다.

(김경원 디큐브시티 대표, 동아일보 2015.4.20)

잘 성장하던 창업기업이 사업 규모가 커지기 시작하면서 갑자기 시장과의 소통이 어려워지고 시장의 요구에 대한 신속한 대응이 어려워진다. 매출도 정체하거나 감소한다. 경기나 경쟁 등 외부적인 것에서 원인을 찾아보지만 딱히 명확한 원인을 찾을 수 없다. 임직원간이나 부서 간 의사소통도 원활히 이루어지는 것 같지 않고 생산성이나 업무효율성도 감소한다. 성과가 정체되니 당연히 자금난도 심해진다. 그렇다고 창업가나 직원들이 나태하게 업무를 처리하는 것도 아니다. 오히려 정신없이 바빠서 그때그때 당면한 문제를 처리하기도 벅차다. 정확한 문제의 원인을 찾을 수도 없다. 이런 상황을 타파해 보기위해 창업가는 신제품 개발을 시도하거나 새로운 사업을 추진하기도 한다. 하지만 상황은 나아질 기미가 보이지 않는다.

성장통이란 무엇인가

위에서 얘기한 창업기업은 지금 성장통을 겪고 있다. 정도차이는 있지만 대부분의 창업기업은 성장과정에서 성장통을 겪게 된다. 마치 아이들이 어른이 되기 위해서 성장통을 겪는 것과 마찬가지다. 보통 성장통은 기업이 성장하는 과정에서 요구되는 발달과제들을 적절히 해결하지 못하는 경우 발생한다. 특히 기업이 성장에 걸맞는 역량이나 인프라를 갖추지 못한 경우 내부적, 외부적으로 여러 가지 어려움이 나타나는데 이를 성장통이라고 한다.

기업이 성장을 하게 되면 경쟁 환경도 바뀌고 고객의 요구도 바뀌게 된다. 이러한 환경변화에 적절히 대응하기 위해서는 내부적인 변화가 필요하다. 창업초기의 특성을 그대로 가진 기업이 체질을 바꾸지 않고 성장을 지속하게 되면 어느 순간 이러한 환경과 요구에 적절히 대응할 수 없는 순간이 오게 된다. 눈앞의 생존에 집중해 정신없이 달려 왔더니 이제까지 기업의 핵심경쟁력이라고 생각되던 것이 더 이상 차별화 요인이 되지 못한다. 뭔가 변화가 필요하다고 느껴지나 바로 앞에 당면한 일을 처리하기에도 벅차다. 이런 상황이 되면 무엇이 문제인지 정확히 파악하지도 못하고 내부적으로 부담과 혼란이 가중되면서 극심한 성장통을 경험하게 된다. 역설적이게도 창업초기 고속성장을 한 기업일수록 성장통을 심하게 겪는 경우가 많다. 변화에 적절히 대응할 시간과 여력이 없었기 때문이다.

그러나 기업이 성장통을 잘 견디고 극복하게 되면 이후 안정적인 성장의 과실을 맛볼 수 있다. 하지만 그 원인을 찾지 못해 적절히 대응하지 못하면 고통만 겪다 실패의 나락으로 떨어질 수도 있다. 많은 창업기업들이 이러한 성장통의 원인과 해법을 인지하지 못하고 전전긍긍하다 스러져 갔다.

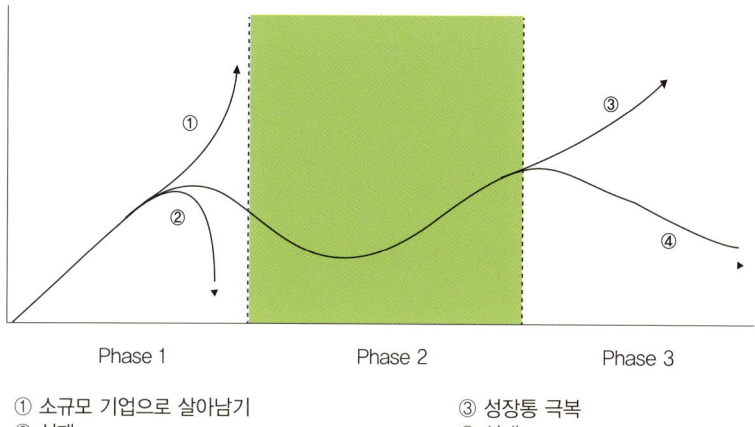

① 소규모 기업으로 살아남기   ③ 성장통 극복
② 실패   ④ 실패

성장통의 원인

　창업기업이 성장통을 겪는 이유는 기업수명주기(Corporate Life Cycle) 이론으로 설명이 가능하다. 보통 기업은 일정한 단계를 거치면서 성장하는데, 각 단계별로 기업의 추구목표와 특성이 다르게 나타나고 필요한 전략도 상이하다. 추구목표와 전략이 상이하기 때문에 당연히 각 단계별로 필요한 내부 자원이나 프로세스, 시스템도 상이하다. 각 단계별로 성장에 필요한 과제들이 다르다는 의미다.

　기업수명주기 이론에서는 기업의 성장단계를 대체적으로 창업기, 성장기, 성숙기, 쇠퇴기의 4단계로 나누고 있다. 각 단계별 특성은 다음과 같다.

창업기

창업기에 있는 기업의 주된 관심사는 새로 시작한 사업 아이템을 통해 시장에서 살아남는데 있다. 이제 막 사업을 시작했기 때문에 권한이 창업가에게 집중되어 있다. 조직은 느슨하고 조직원들 간의 의사소통도 비공식적 커뮤니케이션이 주를 이룬다. 이 시기에는 창업가적 가치가 중시되며 혁신을 중시하고 새로운 사업의 개발과 시장진입에 모든 에너지를 집중한다. 하지만 사업이 서서히 확대되면서 점차 조직이 확대되고 직원이 충당되면서 기존의 비공식적 성격의 커뮤니케이션으로는 조직운영이 점차 어려워지기 시작한다. 공식적인 체계에 대한 요구가 증가하게 되고 효율성 등이 점차 중시되기 시작한다. 늘어난 종업원의 관리 문제도 대두되기 시작한다. 시장과 조직의 확대에 따라 점차 경영관리의 필요성이 대두되기 시작한다.

성장기

성장기에는 시장이 적극적으로 다변화되기 시작하며, 높은 성장률을 보이게 된다. 또한, 서비스나 제품의 혁신은 점진적으로 증가하게 된다. 기업의 규모는 중간단계로 커지게 되고 기업의 소유와 권한이 분산되기 시작한다. 조직도 공식화되기 시작하며, 창업가에게 집중되었던 기능과 권한이 조직적으로 분산되게 된다. 재고품과 구매를 위한 회계시스템이 소개되고, 성과급제도, 예산, 그리고 작업 표준화들의 방법이 경영에 적용된다. 직급이 많아지면서 의사소통은 더 계층적이고 공식적인 형태로 자리 잡게 된다. 조직의 규모가 커지고 내부 프로세스와 시스템이 정교해지면서 추가적인 자금의 수요가 높아진다. 전문성을 갖춘 유능한 경영관리자의 영입을 통해 리더십이 강화되며 지속적인 성장에 돌입하게 된다. 창업가에게 있어서 이 시기의 가장 중요한 활동은 창업가 개인의 역량을 조직으로 이전하면서 더 많은 권한을 이양하는 것이다.

성숙기

성숙기 단계에 오면 기업은 규모가 커지며, 공식적인 조직은 점차 관료적으로 변하게 된다. 일반적으로 기업이 너무 거대하고 복잡해서 공식적인 프로그램들을 통해 관리하기가 힘들어진다. 전략이나 내부 운영도 성장보다는 효율성에 초점을 두게 된다. 성장속도는 서서히 둔화되기 시작하며, 새로운 시장개척에 있어서 보수적인 태도를 갖게 된다. 제품이나 서비스의 혁신도 둔화된다. 때때로 기업의 확장이나 다각화가 고려되기도 한다.

조정/쇠퇴기

기업이 성숙기에 도달한 후에는 일시적인 쇠퇴기에 돌입하게 된다. 이러한 상황에서 기업은 혁신이나 구조조정을 하지 않으면 안

될 시기에 직면하게 된다. 복잡한 환경변화에 직면하게 되고 앞서 공식적이고 관료적인 조직구조로는 이에 적절히 대처하기 어려워진다. 이에 대한 대응으로 팀 단위의 경영관리 활동이 도입되고 자율성이 강조된다. 매트릭스형 조직구조가 도입되고 본부의 전문 참모들의 수도 감소된다. 적절한 변화를 이루게 되면 다시 성장속도가 다시 빨라지기 시작한다. 위험을 감수하고 새로운 제품이나 서비스에 대한 혁신이 다시 증가함에 따라 제품의 종류가 다시 다양화되어진다.

하지만 적절한 변화를 이루지 못하게 되면 쇠퇴기에 들어가게 된다. 혁신성이 낮아 제품속성보다는 가격경쟁력을 중시하는 모습을 보이게 된다. 기업환경이 단순해지며, 위험을 회피하고 성장속도는 떨어진다. 이 단계에서는 기존의 고객을 지속적으로 보유하여 단순하게 관리하는데 초점을 맞추게 된다.

기업의 발달주기 상 가장 큰 변화를 보이는 시기는 성장기이다. 성숙기나 회복기에서도 많은 변화가 있을 수 있으나 상대적으로 성장기에서처럼 판매량 증가, 인력 및 조직구조의 변화, 프로세스의 변화, 자금수요 등의 측면에서 동시다발적으로 급격한 변화가 일어나는 것은 아니다. 그러므로 성장기에 이러한 문제에 원활하게 대처하고 관리하지 못할 경우 기업은 방향감을 상실하는 등의 극심한 혼란을 겪을 수밖에 없다. 성장기에 돌입하는 기업에게 있어 성장단계와 관리역량의 차이로 성장통이 발생되지 않도록 리더십,

조직문화, 관리시스템의 구축 등 전사적인 차원에서의 노력이 필요하다.

성장통의 징후

창업가나 창업기업 스스로 성장통을 겪고 있다고 인지하는 것은 매우 어렵다. 매출의 성장정체라는 현상만 놓고 보면 이것이 시장의 일시적 변화에서 오는 현상인지 거시환경의 변화에서 오는 현상인지, 혹은 경쟁의 격화로 인한 결과인지 명확하게 구분하기 쉽지 않기 때문이다. 더구나 산적한 문제 해결에 급급해 차분히 자신을 돌아볼 여유도 없다. 전전 긍긍하다 아무래도 성장정체가 해소되지 않는 단계에 가서야 문제의 심각성을 인식하고 빠른 해결 방법을 찾지만 기업의 성장통 해결에 지름길은 존재하지 않는다.

심각한 성장통을 극복하기 위해서는 기업활동 전반을 개조해야 한다. 전략의 근본적 변화는 물론 인력의 조정까지 수반할 수도 있고 상당한 시간이 필요할 수도 있다. 따라서 성장통의 후유증을 최소화하기 위해서는 성장통의 징후를 조기에 포착하고 되도록 빨리 이에 대비하는 것이 바람직하다. 창업초기 성장통을 겪는 기업들에게 공통적으로 나타나는 성장통의 징후들은 다음과 같은 것이 있다.

시장과의 커뮤니케이션이나 약속 지키기 어려워진다.

　대부분의 창업기업에서 가치를 창출하는 최고의 자산은 창업가 자신인 경우가 많다. 사업에 자신의 모든 것을 던지고 고객 개개인의 목소리에 귀를 기울이며 고객의 요구에 부응하기 위해 끊임없이 노력한다. 이러한 노력이 결실을 맺어 고객이 늘어나게 되면서 사업은 급속히 성장하게 된다.

　그러나 미리 준비하지 못한 성장은 양면의 칼이 되어 창업가에게 돌아온다. 늘어나는 고객의 요구에 맞추어 창업가는 물론 임직원들도 미친 듯이 일에 매달린다. 새로운 직원도 뽑아 일손을 충원하지만 효율성은 점점 떨어진다. 바빠지다 보니 창업가와 시장간의 커뮤니케이션이 점차 어려워지고 통찰도 무뎌지게 된다. 이전 경험에 집착하여 시장의 변화를 자의적으로 판단하는 경우도 자주 발생한다. 시장의 요구와 별로 상관없는 전략이 수립되기도 하고 본래 창업기업이 제공하던 핵심가치와 별로 상관없는 가치가 추가되기도 한다. 점점 시장에 대한 약속을 온전히 지키기 어려워진다.

하루로는 시간이 모자라다고 느낀다.

　사업이 성장하면서 임직원들이 처리해야 할 업무에 짓눌려 있다고 느낀다. 작업량의 증가에 따라 직원을 충원해 보지만 업무량이 크게 해소되지 않는다. 창업가나 직원들 모두 예상치 못한 급한 일에 시간을 많이 빼앗기고 발 앞에 떨어진 문제의 해결만으로도 전전긍긍하게 된다. 심지어 대부분의 직원들이 다른 직원들이 하는 일에 대해서 알지 못한다.

의사결정이 어려워지고 통제력을 상실한 것처럼 느껴진다.

　창업초기 사업과 관련된 대부분의 중요사항은 창업가가 결정한다. 창업가가 해당사업에 대해 가장 많이 알고 있고 대부분의 가치가 창업가로부터 나오기 때문에 이는 당연한 것이다. 그런데 어느 정도 성장하게 되면 창업가 자신이 모든 전략적인 결정을 하기 힘들어진다. 현안 과제가 쏟아지기 때문이다.

　현장에서는 계속문제가 발생하게 되는데, 확대된 사업규모 때문에 모든 문제에 창업가가 이전과 같이 개입할 수 없게 된다. 당연히 현장의 통제력을 서서히 상실하게 된다. 현장에서 발생하는 문제들은 단시간 내에 결론을 내리고 해결 방안을 세워야 하는 일들이 대부분이다. 창업가가 모든 문제를 파악하기 어려워지고 통제력이 서서히 약화되면서 표면적인 현상만 해결하는 미봉책이 계속 나오게 된다. 유사한 문제들이 계속해서 발생하게 되고 창업가는 이러한 현안과제의 해결에 급급하게 된다.

내부 커뮤니케이션이 어렵고 장기 비전이 없다.

당면한 문제의 해결에 급급하게 되면 장기적인 전략이나 미래의 비전 같은 것을 구상하거나 진지하게 생각할 시간조차 없다. 그런 이야기를 하는 것이 허황된 것처럼 느껴지기도 한다. 늘어난 업무량 때문에 직원들의 업무처리도 형식화된다. 계획을 세우는 경우가 드물며, 세운다 해도 계획대로 추진되지도 않고 사후관리도 안되어 방치되는 경우가 많다. 창업가는 사방이 막힌 방에 갇힌 것처럼 답답함을 느낀다.

직원들은 회사의 장기적인 계획에 대해 잘 모른다. 자기 혼자만이 일을 제대로 처리할 수 있다고 생각하는 직원들이 많지만 정작 창업가 입장에서는 좋은 관리자를 찾기 어렵다. 그렇다 보니 기업 내에서의 자신의 위치와 자리에 불만이나 불안을 갖는 직원들이 많아지고 직원들의 이직이 늘어난다.

Chapter 16
성장통을 어떻게 극복할까

HUMAX

휴멕스는 셋톱박스 사업을 하는 벤처1세대기업이다. 80년대후반 회사설립 후 서서히 증가하던 매출은 90년대 후반 들어오면서 고속성장을 거듭했다. 1997년 142억원에 불과하던 매출액이 이후 해마다 약 2배씩 가파르게 성장했다. 2001년에 이르자 매출액은 약 3000억원대 이르렀다. 하지만 이후 수년간 매출 3000억원을 맴돌며 성장 정체에 부딪혔다. 2001년 1000억이 넘던 영업이익은 2004년에는 42억원으로 곤두박질치기까지 했다.

이러한 성장정체의 원인은 몸집이 커진 것에 비해 내부 운영수준은 사업 초창기 수준에서 벗어나지 못하는데 있었다. 회사규모는 갑작스레 커졌지만 운영시스템의 효율성은 개선되지 않았다. 조직이 갑자기 커지다 보니 하는 일마다 시행착오를 겪게되고 비용은 계속 증가했다. 검품, 생산계획변경, 불량 등으로 걸핏하면 공장이 멈춰서고 재고과잉이 되기 일쑤였다. 누가 무슨 일을 하는지, 프로젝트 진행은 제대로 되고 있는지조차 알수 없는 상황이 반복되었다. 모두 뭔가 잘못되고 있다고 느끼고는 있었지만 당장 코앞에 닥친 문제를 해결하는 것만으로도 바빴기 때문에 변화의 방향조차 가늠하지 못하고 있었다. 성장통을 겪고 있었던 것이다.

이를 극복하기 위해 휴멕스는 혁신만 담당하는 조직을 별도로 설치하고 품질개선과 SCM혁신에 나섰다. 혁신실 설치에 대한 직원들의 반응은 한결같았다. "바빠 죽겠는데 왜 일을 더 만드냐?" 가뜩이나 일이 많아 힘든 마당에 프로그램을 짜고 제품을 개발할 인력을 한사람이라도 충원해주지는 못한 망정 왜 일을 더 만드느냐며 불만을 토로했다. 하지만 휴멕스에서는 프로세스 혁신을 통한 품질경영이 없으면 현재 겪고있는 어려움을 헤쳐 나가기 어렵다고 보았다. 생산관리, 재고관리, 영업관리 등 전 분야의 프로세스를 혁신해 업무의 품질을 높여나갔다. 사업부 중심에서 기능중심으로 조직을 개편하기도 했다. 조금씩 품질경영의 성과가 나타나면서 매출과 영업이익이 증가하기 시작했다. 2012년의 매출은 1조 243억원을 기록했다. 지금은 유명 벤처기업 등에서 휴멕스의 성장통 극복방법을 배우기 위해 노크를 하고 있다.

성장통은 창업초기 대부분의 기업이 겪게 되는 과정이다. 마치 아이가 어른이 되기 위해서 성장통을 겪는 것과 같이 창업기업이 한 단계 더 성장하기 위해서는 반드시 거쳐야만 하는 관문과 같은 것이다. 창업기업이 현재 성장통에 빠져있다고 판단되면 창업가는 다음의 두 가지 대안 중 하나를 선택하게 된다.

- **기업을 소규모로 유지** : 비즈니스 모델이 잘 작동했던 창업 초기상태를 그대로 유지시키는 방법이다. 성장보다는 창업가가 직접 통제 가능한 규모로 유지하는 것을 선택하는 것이다. 어떤 사업에서는 이러한 의사결정이 바람직한 경우도 있다. 무조건적인 성장이 능사는 아니다.
- **조직 및 비즈니스모델 조정** : 성장하는 기업에 적합한 체질로 조직 구조를 리스트럭쳐링 한다. 비즈니스모델도 통상적인 기업이나 시장상황에서 작동될 수 있도록 조정한다.

창업기업이 성장통을 겪지 않고 건너 뛸 수 있는 방법은 별로 없다. 대부분의 창업가는 기업경영 경험이 많지 않다. 성장하는 기업을 능숙하게 이끌고 갈 노하우도 많지 않다. 그렇기 때문에 성장통을 만난 많은 창업가가 힘들어하고 일부는 좌절한다. 그러나 성장통은 어떻게 보면 창업기업이 한 단계 더 도약하기 위한 시련이다. 이제까지의 사업을 되돌아 보면서 성장통의 원인을 잘 견뎌내고 대비하면 더 큰 성장의 과실을 맛볼 수 있다. 중요한 것은 성장통을 건너겠다는 창업가의 강인한 의지와 노력이다.

시장과의
커뮤니케이션을 회복하자

    창업기업이 초기 고속성장 후 성장통에 빠지는 가장 큰 원인 중의 하나가 시장과의 커뮤니케이션이 점차 어려워지는 것이다. 시장과 제대로 커뮤니케이션하지 못하면서 시장의 요구에 적절히 대응하지 못하게 된다. 창업초기에는 사업이 아직 소규모이기 때문에 창업가는 시장의 관심을 예민하게 포착하고 시장의 요구에 맞춰 사업의 내용을 신속하게 조정할 수 있다. 그러나 창업가 개인의 역량에는 한계가 있다. 사업의 규모가 확대 될수록 창업가는 개인적으로 더 이상 시장과의 긴밀한 소통을 유지하기 어려워진다. 처리해야 할 업무가 주체할 수 없이 늘어나면서 조금씩 시장과 멀어지는 것이다. 따라서 성장통을 겪는 창업기업이 가장 먼저 해야 할 일은 시장과의 소통을 회복하는 일이다. 이러한 소통회복은 창업초기 창업가 개인이 수행하던 핵심가치를 기업의 조직으로 이전·확산시키는 것부터 시작된다.

■ **STEP 01** 핵심가치를 밝힌다.

    창업 초기 창업기업의 가치는 대부분 창업가로부터 나온다. 창업가의 아이디어와 창업가의 열정, 창업가의 헌신이 대부분의 가치를 창출하는 것이다. 그러나 성장을 눈앞에 두고 있는 상황에서 사업의 전부를 창업가 개인이 부담할 수 없다. 창업가가 수행했던 핵심가치를 조직의 가치로 전환해야 한다. 가장 먼저 해야 할 것은 창업초기 창업기업이 제공했던 제품이나 서비스의 핵심 가치가 무엇이었고 창업가가 수행하던 핵심 업무가 무엇이었는지 재점검하고 규명하고 분류하는 일이다. 대부분의 창업기업은 사업이 성장하는 과정에서 고객의 요구를 반영한다는 이유로 고객들에게 이런 저런 약속을 하게 된다. 이런 일이 계속 반복되다 보면 창업초기 추구하던 핵심가치와는 상관없는 이런저런 가치를 제품과 서비스에 중구난방 식으로 추가하는 오류를 범하게 된다. 그러다 보면 결국 무엇이 우리 제품·서비스의 핵심가치였는지 모호해진다.

창업가도 점점 복잡해지고 많아지는 업무 때문에 과부하에 빠진다. 당면한 문제에 허덕이다 보니 무엇이 중요한 일이었는지 방향성을 잃게 된다. 설사 알고 있더라도 늘어난 업무 때문에 이를 모두 수행하는 것이 불가능해진다. 결국 창업초기 차별화된 가치를 창출하던 핵심 활동에서 조금씩 멀어지게 된다. 이러한 절차가 반복되다 보면 기업의 원래 핵심가치는 희석되고 고객은 서서히 이탈한다.

그러므로 성장통 극복을 위해서는 우선 사업초기에 기업의 성장에 기여했던 핵심역량과 활동, 가치가 무엇이었는지를 규명해 내는 것이 중요하다. 창업기업이 원래 추구했던 가치는 무엇인지를 다시 한 번 되돌아보고 그 본질을 다시 정리하고 성장과정에서 중구난방으로 추가된 비본질적인 부분은 과감히 삭제한다. 그리고 그러한 본질적인 가치를 실현하기 위한 핵심활동은 무엇인지 재검토 하고 그 내용과 활동방법, 절차 등을 정리한다.

■ STEP 02 개인가치를 기업가치로 이전한다

창업초기에는 조직의 규모가 작고 창업가를 포함한 소수의 직원이 올라운드 플레이어와 같이 일을 하게 된다. 생존이라는 하나의 목표를 향해 열심히 일을 한다. 회사의 목표가 개인의 목표와 일치한다. 업무간 경계도 낮고 오히려 업무의 성격을 분류하는 것이 비효율적이기도 하다. 그러나 이러한 형태의 조직구로는 점점 복잡해지고 전문화되어 가는 업무를 효율적으로 처리할 수 없고 자연히 시장에 대응하기 어려워진다.

어느 조직이든지 인원이 많아지면 체계를 갖추는 것이 중요하다. 각자 목표를 명확히 하고 해야 할 일을 할당해야 낭비와 비효율을 방지할 수 있다. 이제는 하나의 목표를 보고 무작정 달려가는 것은 오히려 바람직하지 않다. 모든 직원이 무작정 하나의 목표만을 쫓아 달리는 것은 전 선수들이 본능적으로 공만 쫓아 달리는 초보 축구단에 비유할 수 있다. 초보자들끼리의 게임에서는 통용될지 몰라도 제대로 된 팀과 경기를 하면 힘은 힘대로 빠지고 백전백패다.

제대로 된 게임을 하기 위해서는 선수들에게 역할과 포지션을 주고 조직적이고 체계적으로 움직이도록 해야 한다.

성장통에 빠진 기업이 당면한 상황은 이 초보 축구단과 같다. 복잡해지고 치열해지는 시장요구와 경쟁상황에서 한 단계 더 성장하기 위해서는 개개인이 무작정 열심히 하는 것만으로는 역부족이다. 직원과 조직에 목표와 역할을 부여하고 체계적으로 활동하도록 하여야 한다. 물론 그 목표와 역할은 창업초기 경영자와 핵심경영진이 직접 수행했던 그 핵심활동이다. 창업가가 수행하던 핵심가치와 활동을 규명하고 복제하여 기업의 조직으로 이전한다. 활동목표의 구체화와 체계적인 활동을 위한 매뉴얼 작성 등도 필요하다. 조직은 분리와 집중, 그리고 조화와 협조가 가능하도록 구성한다. 역할과 기능을 명확하게 분리하고 핵심활동에 역량을 집중하는 것, 조직 혹은 조직구성원 상호간 원활한 협동이 가능하도록 하는 것은 조직을 구성하는 가장 기본적인 원칙이라고 할 수 있다. 일반적으로 고려할 수 있는 조직의 구조는 다음과 같다.

- **기능적 구조** : 가장 일반적인 방식으로 수행 기능에 따라 조직을 구성하는 것이다. 수직적이고 계층화된 중앙집권식 구조이다. 각 기능조직의 구성원은 유사한 기술, 지식, 능력을 보유하게 되고 동일한 업무를 수행한다. 조직 내 커뮤니케이션이 원활하고 지식이나 기술의 축적이 가능하기 때문에 해당분야의 기

술축적이 필요한 과업에 적합한 조직이다. 하지만 부서간 커뮤니케이션이 어렵기 때문에 기능 간 협업이 중요한 경우 효율이 낮을 수 있고 심지어 반목이 발생할 수도 있다. 각 부서를 통제하는 창업가가 각 부문에 깊이 있는 지식을 보유해야 한다.

- **사업부제 조직** : 기능보다는 부문에 따라 조직을 구성하는 방식이다. 부문은 생산·판매하는 제품, 고객, 지역, 브랜드 등에 따라 나눌 수 있다. 각 사업부에 권한을 많이 위임하고 각 사업부는 독립적인 계산에 의해 운영된다. 독립적인 계산을 하므로 성과평가가 용이하다. 하지만 기능조직보다 깊이 있는 지식이

나 기술의 축적이 어려운 단점이 있다. 동일한 기능이 사업부별로 분산되어 있기 때문에 낭비적인 요소도 존재한다.

- **매트릭스조직** : 기능중심조직과 사업부중심조직의 장점만을 취한 조직구조이다. 특정 프로젝트를 위해 여러 부서에서 인원이 모여 과업을 수행한다. 조직원은 본 부서에 소속되어 있기 때문에 프로젝트 관리자, 부서관리자 모두의 통제를 받게된다. 다양한 분야의 지식과 기술이 필요한 프로젝트, 부서간 협조가 필요한 과업의 수행에 적합하다. 하지만 이중적인 통제와 보고체계 때문에 혼선과 낭비가 발생할 수 있고 업무분

담과 성과평가에서 갈등이 발생할 수 있다.

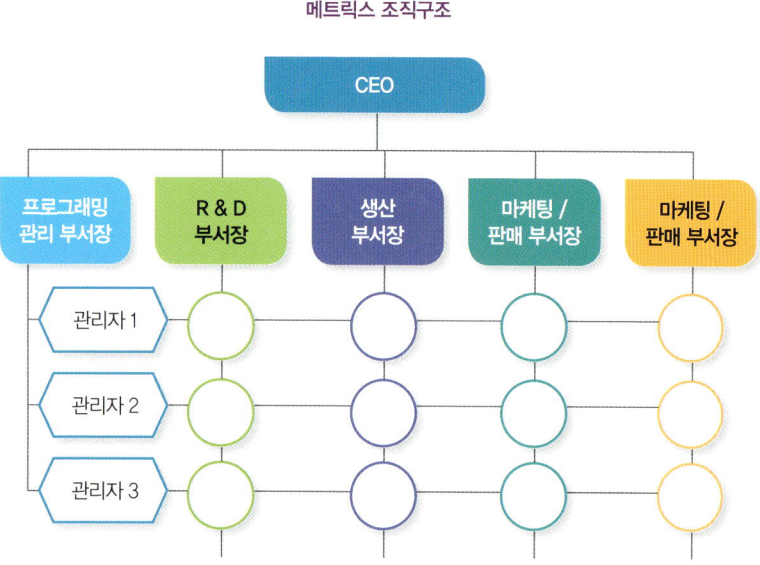

- **프로젝트 조직** : 흔히 TFT(task force team)로 불리는 조직구조이다. 프로젝트를 중심으로 조직을 구성한다는 점에서는 매트릭스조직과 유사하나 프로젝트 조직구조에서 구성원은 본래의 조직에서 완전히 벗어나 프로젝트팀에 일정 기간 동안 소속되며 프로젝트 매니저의 통제를 받게 된다. 프로젝트팀의 구성원은 동일한 공간에서 근무하기 때문에 의사소통이 원활하고 업무효율성이 높다. 반면 기능부서와 연계가 단절되기

때문에 해당 부서의 업무와 관련된 기술, 시장에 급격한 변화가 있는 경우 프로젝트 부문에 속한 개인의 업무역량에 손실이 발생할 가능성이 존재한다.

- 네트워크 조직 : 네트워크조직은 기술의 발달과 함께 최근에 대두되기 시작한 조직구조이다. 기업이 부가가치 활동을 직접 수행하는 것이 아니라 아웃소싱하는 것이 가장 큰 특징이다. 중심기업은 기획, 중개, 조정역할을 주로 담당한다. 기업의 부가가치 활동을 위한 대규모 자산투자를 줄일 수 있는 장점이

있다. 기술의 변화가 빠른 분야에서 항상 외부의 최신기술을 이용할 수 있기 때문에 기술 진부화에 따른 위험이 적다. 하지만 중요한 부가가치활동을 직접 수행하지 않으므로 본질적인 경쟁우위 확보가 어려워질 수 있다.

네트워크 조직구조

성장통을 극복하기 위한 첫 번째 작업으로 창업가의 핵심가치를 조직에 체화시켜야 한다는 것을 강조해서 얘기하고 있지만 사실 말 같이 쉬운 것이 아니다. 성장통을 겪고 있는 대부분의 창업가가 그 당위성은 알지만 명확한 방법을 알지 못해 고민한다. 심지어 어떤 경우에는 초기 성장에 기여했던 핵심가치가 무엇인지 명확히 파악조차 하지 못한다. 현실세계에서 어떤 현상은 이런 저런 여러 가지 요소들이 복잡하게 얽혀 작용한다. 창업초기 이런저런 시행 착오를 거쳐 가면 어느 정도 성장을 이루어 놓은 지금 그 과정에서 핵심가치나 활동을 명확하게 분리하는 것이 어려울 수 밖에 없다. 또 조직내부의 반발도 있을 수 있다. 어떤 조직이든지 성공을 경험한 이후에는 그 성공을 이루어냈던 행동에 대한 관성이 존재한다. 그 방식을 바꾸려고 하지 않는다. 이제까지 잘 해 왔는데 왜 복잡하게 바꾸려고 하느냐는 반발이 나온다. 핵심가치의 모호함, 조직의 반발 등을 극복하기 위해서는 창업가의 전문성과 노련함이 필요하다. 창업가가 이런 전문성과 노련함을 갖추고 있다면 금상첨화겠지만 창업가가 모든 분야에 전문가일 수는 없다. 뒤에 언급하겠지만 그렇기 때문에 이 단계에서는 적합한 외부 전문가의 영입문제가 중요하게 대두된다.

■ STEP 03 성과측정도구 마련하기

핵심가치나 활동이 조직으로 이전되고 나면 당장 대두되는 것이 창업가의 의도나 비전을 어떻게 조직으로 전달하느냐의 문제와 조직활동의 성과를 어떻게 측정하여 피드백할 것인가의 문제이다. 창업가 개인이 대부분의 업무를 수행하는 경우에는 중요하지 않지만 조직이 분화될수록 창업가의 의도가 전체 조직에 제대로 전달되기가 어려워진다. 그렇기 때문에 조직이 제대로 작동하고 있는지 관리가 필요하고 그 성과를 측정하여 피드백하는 활동이 반드시 필요해진다. 조직 내 의사소통을 원활히 하고 성과측정을 효과적으로 하기 위해서는 기업문화를 유지하고 경영지원 활동을 도입하는 것이 효과적이다.

시스템 및 프로세스를 쇄신한다.

기업이 성장에 맞추어 조직을 정비하기 위해서는 시스템, 조직, 프로세스의 개념을 우선 명확히 할 필요가 있다. 일반적으로 조직구조의 형태를 보면 기업의 보고체계, 통제구조 등을 개략적으로 알 수 있다. 그러나 조직구조만 가지고는 직원과 조직에 대한 동기부여, 성과 및 책임의 소재 등이 명확하게 나타나지 않는다. 이러한 것들이 구체화 된 것이 시스템과 프로세스다.

- **시스템** : 시스템은 개인, 부서, 기능, 부문 등의 성과를 모니터링하고 측정하고 보상하는 것에 관련된 것을 말한다. 시스템이 원활히 작동하기 위해서는 정보가 적시, 적소에 전달되어야 한다.
- **프로세스** : 종업원이 자원을 가치로 전환하는데 필요한 상호작용, 조정, 의사소통, 의사 결정과 관련 된 패턴이라고 할 수 있다.

창업초기 기업은 소규모이고 대부분의 핵심활동은 창업가가 수행한다. 하지만 사업이 성장하면서 고객 접점이 많아지고 복잡해진다. 당연히 창업가 개인이 모든 접점을 통제하기 어려워지고 이러한 과정 속에서 고객과의 커뮤니케이션이 원활하게 이루어지지 않는다. 고객과의 소통은 기업의 가치창출과정에서 가장 핵심적인 활동이다. 반드시 해결해야 할 문제다. 고객과의 의사소통 어려움이 고객접점의 복잡성에 기인하므로 고객접점을 단순화해야 한다. 고객 접점의 업무를 고객에 집중할 수 있도록 해야 한다. 크게 상관없는 일들은 다른 부서로 이전한다. 따라서 고객접점의 단순성 회복을 위해서는 지원 부문의 업체계가 커지고 복잡해져야 하는 역설이 발생하게 된다. 조직이 커지고 기능이 분화되는 것이다.

조직이 커지고 분화되면 과거와 같은 시스템과 프로세스로는 운영될 수 없다. 확대된 조직에 맞는 경영기법과 시스템, 프로세스가 필요해진다. 하지만 손수 회사를 차려 운영해온 창업가들은 대게 큰 규모의 기업을 경영해본 경험이 없기 때문에 성장과도기에 놓인 회사를 어떻게 이끌어야 하는지 잘 모를 수밖에 없다. 더구나 분화된 모든 기능을 창업가가 모두 잘 알기도 어렵다. 이 단계에 이르면 조직을 효과적으로 통제하고 지휘할 수 있는 전문가가 필요해진다. 외부에서 전문 관리인력을 영입한다는 것은 이전과 다른 시스템과 프로세스를 도입하는 것과 같다. 이들에게서 기대하는 능력이 확대된 조직을 관리하고 통제하는 기술이기 때문이다.

전문가를 영입하든 아니면 내부에서 육성하든 조직을 관리하고 통제하는 관리자가 선정되면 창업가가 가지고 있던 권한을 과감하게 이양하는 것이 중요하다. 기업의 규모가 더 이상 창업가 개인이 모든 것을 처리할 수 있는 단계가 아니다. 직원들의 동기부여를 위해서도 과감한 권한 이양은 중요하다. 여기서 주의할 점은 창업가의 권한 중 어느 부분까지 이양할 수 있는지 고민해야 한다는 점이다. 기업의 가치창출에 기여하는 핵심활동이고 창업가가 직접수행하는 것이 바람직하고 또 가능한 분야라면 되도록 권한이양을 줄이는 것이 바람직하다.

비즈니스모델의 재구축

비즈니스 모델에 대한 검토는 어떤 사업이나 전략이 타당한지 여부를 결정하는데 도움이 된다. 특히 수익모델에 대한 검토는 장기적인 수익의 창출여부를 파악하는 근거가 된다. 따라서 창업기업이 성장통을 겪고 있다면 반드시 비즈니스 모델을 재검토 해봐야 한다.

예를 들어 대부분의 초기 창업기업은 사업의 형태와 내용이 어떻든지 간에 대부분 저임금 고효율 노동력에 의존하는 비즈니스모델 특성을 가진다. 창업가와 핵심창업멤버는 성공에 대한 열망으로 온전히 자신을 사업에 투자한다. 사업초기 자신의 임금수준을 생각하면서 사업을 추진하는 창업가는 없다. 당장 돌아오는 보상이 적어도 미래의 성공을 위해 자신의 재능과 시간을 아낌없이 투자한다. 따라서 대개의 경우 창업초기에는 인건비 측면에서는 투입되는 노동의 질과 양에 비해 저비용 구조를 가지고 있기 쉽다. 시장의 평균적인 수준보다 훨씬 저렴한 임금으로 훌륭한 제품과 서비스를 만들어내고 시장에 공급하기 때문이다. 이런 부분이 초기 성공과 성장에 일정 부분 기여한다. 그런데 기업이 어느 정도 성장하여 일정 규모를 넘어서면 이러한 구조를 더 이상 유지하기 어려워진다. 창업가나 핵심 창업멤버가 모든 일을 처리하기 어려워지기 때문이다. 결국 직원을 통해 동일한 가치를 창출해야 하는데, 직원을 통해야 한다는 것은 임금측면의 비용이 통상적인 수준에서 지출되어야 한다는 것을 의미한다. 이러한 관계로 사업초기의 비즈니스모델은 더 이상 작동하기 어려워진다.

성장통에 직면한 기업은 반드시 비즈니스 모델에 대해 재검토해봐야 한다. 특히 수익모델을 세부적으로 검토해보고 장기적인 수익을 낼 수 있는지를 검토한다. 만일 그렇지 않다면 통상적인 비용구조에서도 수익이 발생할 수 있도록 비즈니스모델의 구성요소를 변경해야 한다.

부록

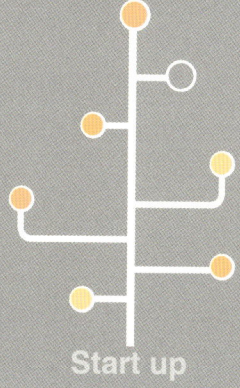

Start up

찾아보기

참고문헌

참고논문

찾아보기

	2단계 가격	201
	fail fast fail cheap	089
	STP 전략	192
	VRISA	105
ㄱ	가입비모델	096
	가치기준 고정가격	200
	간접 콘텐츠 판매	099
	개인사업	165
	고객가치	049
	고객가치기준 가격책정법	199
	고객유보가격	200
	고객획득비용	205
	과잉충족	071
	기업수명주기	243
	김위찬	060
ㄴ	닌텐도	073
	닌텐도 Wii	073
	닌텐도DS	073
ㄷ	다면플랫폼	050, 100
	다이슨	208
	대량구매가격	201
	대량맞춤	194
	더 하이브	016
	더치보이	046
	델컴퓨터	048, 158
	도미노피자	158

ㄹ	레드오션	060
	로열티	101
	르네 마보안	060
	리피토(Lipitor)	190
	리틀미스매치	059
ㅁ	마우스드라이브 크로니클	180
	묶음가격	202
	법인기업	163
	브레인스토밍	082, 083, 087
ㅂ	블루오션	060
	비즈니스모델	115
	비즈니스모델 캔버스	121
ㅅ	사업계획서	129
	사업아이템	032, 040
	사용수수료 모델	097
	상충도 평가	123
	생산모델	096
	성장통	241
	세분가격	201
	소니	073
	소비자 욕구	067
	수수료 모델	097
	수익모델	098, 099
	수익성 검토	124
	스키밍 전략	235
	시장 세분화	191

ㅇ		
	아이디오(IDEO)	084, 086
	아이젠버그	041
	역량	104
	영업프로세스	203
	위너-램버트	190
	원가가산 가격책정법	198
	위험감수성	035
	유행	078
	인력요건	173

ㅈ		
	자원	104
	재판매 모델	097
	전략적 적합성 평가	123
	제록스	178
	조프리 무어	223
	존속적 혁신	061
	쥬라기	066
	직무디자인	171
	직무분석	171
	직무조서	173
	진취성	041

ㅊ		
	차별화	047
	창업가 정신	039
	창업자금	037, 159
	청년일자리	017
	출현전략	216
	침투가격전략	235

ㅋ		
	카노(KANO)모델	183, 184
	카우프만 재단	034
	카카오톡	094
	캐즘	223
	퀄컴	103

ㅌ		
	타겟팅 전략	195
	토머스 프레이	023
	투자수익율법	199
	트렌드	074

ㅍ		
	파괴적 혁신	061
	판매수익율법	198
	판매후 서비스 모델	098
	판매후 소모품 모델	098
	프랜차이즈	101
	프로토타입	088
	플레이스테이션	073
	피플익스프레스	240

ㅎ		
	하버드 창업가바이블	041
	하워드 가드너	033
	한경희생활과학	030
	혁신성	039
	혁신성	052
	휴맥스	252

참고문헌

2014년 신입사원 채용실태조사 결과, 한국경영자총협회, 2014.
5년 후, 더그 테이텀 지음, 고빛샘 옮김, 살림Biz, 2012(원서출판 2007).
개혁의 확산, 에버넷 로저스 지음, 김영석·강내원·박현구 옮김커뮤니케이션북스, 2005.
경영의 모험, 존 브룩스 지음, 이충호 옮김, 샘앤파커스 출판사
기업의 재무관리와 절세 가이드, 박은서·류장식·최인용 지음, 인플로우, 2012.
나의 첫 사업계획서, 사하·보비 하세미 지음, 안기순 옮김, 민음인, 2012.
대학생 창업활동 및 창업지원제도 현황분석, 고용노동부, 2012.
대학 R&D 기반 기술창업 활성화 방안 및 정책 개선방향, 과학기술정책연구원, 2012.
디스럽트, 루크 윌리암스 지음, 김지현 옮김, 황소자리, 2011.
디퍼런트, 문영미 지음, 살림Biz., 2011.
마우스 드라이버 크로니클, 존 러스크·카일 헤리슨 지음, 이혁성·조봉연·신철호 옮김, 럭스미디어, 2012(원서출판 2003).
마케팅의 이해와 활용, 박주영·김원겸·황윤용·리광진 지음, 인플로우
미래의 직업연구, 고용노동부·한국고용정보원, 2013.
블루오션 전략, 김위찬·르네 마보안 지음, (주)교보문고, 2005
열정과 기질, 하워드 가드너 지음, 임재서 옮김, 북스넷, 2007.

창업경영론, 박주영·이상호 지음, 인플로우, 2011.
창업다이어리, 소상공인진흥원, 2012
청년 창업에 미치다, 청년사관학교, 2013.
하버드 창업가 바이블, 다니엘 아이젠버스 지음, 유정식 옮김, 다산북스, 2014.
MIT스타트업 바이블, 빌 올렛 지음, 백승빈 옮김, 비즈니스북스, 2014.

Business Model Generation, Alexander Osterwalder and Yves Pigneur, **WILEY**, 2010.

The Events and Trends That Have Shaped You, Tamara J. Erickson, Harvard Business Press, 2008.

The Innovator's Guide to Growth: Putting Disruptive Innovation to Work, Scott D. Anthony, Mark W. Johnson, Joseph V. Sinfield, Elizabeth J. Altman, Harvard Business Press, 2008.

The Innovator's Solution, Clayton M. Christensen and Michael E. Raynor, Harvard Business Press, 2003.

Writing Business Plan : The Basic, Harvard Business School, Harvard Business Press, 2006.

참고논문

고현정(2007), "SCM에서 비즈니스 모델 개발에 관한 연구", 월간해양수산, 270
손민신(2006), "기업성장통의 다섯 가지 징후", LG주간경제, 5
김경석(2010), "조직수명주기, 조직기억, 조직학습 간의 관련성에 관한 연구", 대한경영학회지, 23(1)
강요셉, 최동혁(2013), "창조경제시대 한국 창업생태계 현황과 과제 : 국가 간 창업지표 비교를 중심으로", 한국과학기술기획평가원 이슈페이퍼,
김명중(2014), "일본의 파견근로자 현황과 최근 근로자 파견법 개정내용", 국제노동브리프(한국노동연구원), 4월호
김명중(2012), "일본 개정파견법의 주요내용", 국제노동브리프(한국노동연구원), 12월호
김경연(2007), "사례를 통해 본 오픈 이노베이션", LG주간경제, 2007(1)
라준영(2010), "사회적 기업의 비즈니스모델", 벤처경영연구, 13(4)
이무근(2014), "미래변화가 요구하는 한국의 인재상", The HRD Review, 2014(3)
이병욱(2007), "기업의 인재상 및 인적자원관리", 2007대한민국과학기술연차대회 발표자료.
Baden-Fuller, Charles and Mary S. Morgan(2010), "**Business Models as Models**", Long Range Planning, 43.

Baron, Robert A.(2006)"**Opportunity Recognition as Pattern Recognition: How Entrepreneurs "Connect the Dots" to Identify New Business Opportunities**", Academy of Management Perspectives, 2006(Feb).

Brown, Tim(2009), "**Design Thinking**", Harvard Business Review, 2008(Jun).

Casadesus-Masanel, Ramon and Joan E. Ricart(2011), "**How to Design a Winning Business Model**", Harvard Business Review, 2011(Feb)

Chesbrough, Henry and Richard S. Rosenbloom(2002), "**The Role of the Business model in Capturing Value from Innovation : Evidence from Xerox Corporation's Technology Spin-off Companies**", Industrial and Corporate Change, 11(3).

Chesbrough, Henry(2010), "**Business Model Innovation : Opportunities and Barriers**", Laong Range Planning, 43.

Christensen, Clayton M.(2015), "**Disruptive Innovation Is A Strategy, Not Just The Technology**", Business Today, 2015(Jan,4)

Isenberg, Daniel(2011), "**Entrepreneurs and the Cult of Failure**", Harvard Business Review, April

Isenberg, daniel(2010), "**How to Start and Entrepreneurial Revolution**" Harvard Business Review, 2010(june).

Johnson, Mark W., Clayton M. Christensen, and Henning Kagermann(2008), "**Reinventing Your Business Model**", Harvard Busiess Review, 2008(Dec)

Kano, Noriaki et al.(1984), "**Attractive Quality and Must-be Quality**", Hinshitsu, 14(2).

Kim, W. Chan and Renee Mauborgne(1997), "**Value Innovation :

The Strategic Logic of High Growth" Harvard Business Review, 1997(Jan-Feb).

Kim, W. Chan and Renee Mauborgne(2004), "**Blue Ocean Strategy**", Harvard Business Review, 2004(Oct).

Kelly, Donna J., Slavica Singer, and Mike Herrington(2012), "**The Global Entrepreneurship Monitor : 2011 Global Report, GEM**

Lester, Donald L, John A. Parnell, and Shawn Carraher(2003), "**Organizational Life Cycle : A Five-Stage Empirical Scale**", International Journal of Organizational Analysis, 11(4).

McGrath, Rita Gunther(2010), "**Business Models : A Discovery Driven Approach**", Long Range Planning, 43.

McGovern and Moon(2007), "**Companies and Customers who Hate Them**", Harvard Business Review, 2007(Jun)

Mintzberg, Henry and James A. Waters(1985), "**Of Strategies, Deliberate and Emergent**", Strategic Management Journal, 6(3)

Moon, Youngmee(2005), "**Break Free from Product Life Cycle**", Harvard Business Review, 2005(May)

Ofek, Elie and Luc Wathieu(2010), "**Are You Ignoring Trends That Could Shake Up Your Business?**", Harvard Business Review, 2010(Jul).

Osterwalder, Alexander and Yves Pigneur(2002), "**An e-Business Model Ontology for Modeling e-Business**", 15th Bled Electronic Commerce Conference

Porter, Michael E.(2008), "**The Five Competitive Forces That Shape Strategy**", Harvard Business Review, 2008(Jan).

Shank, John K. and Vijay Govimdarajan(1992), "**Strategic Cost Management : The Vlaue Chain Perspective**", Journal of Management

Accounting Research, 4(Fall).

Sosna, Marc, Rosa Nelly Trevinyo-Rodriguez and S. Ramakrishna Velamuri(2010), "Business Model Innovation through Trial-and-Error Learning : The Naturhouse Case", Long Range Planning, 43.

Sull, Donald(2011), "10 Clues to Opportunity", Strategy+Business(PWC), 64(automn).

Wadhwa, Vivek, Raj Aggarwal, Krisztina "Z" Holly, Alex Salkever(2009), "The Anatomy of an Entrepreneur : Family Background and Motivation"

Zott, Christoph and And Raphael Amit(2008), "The Fit Between Product Market Strategy and Business Model : Implications for Firm Performance", Strategic management Journal, 29.

Zott, Christoph, Raphael Amit, and Lorenzo Massa(2010), "The Business Model : Theoretical Roots, Recent Developments, and Future Research", IESE Business School Working Paper, WP-862

Zott, Christoph, Raphael Amit and Lorenzo Massa(2011), "The Business Model: Recent Developments and Future Research", Journal of Management, 37(4)

인 터 넷 및 언 론 자 료

창업넷, http://www.startup.go.kr
기업금융나들목 홈페이지, http://www.smefn.or.kr
통계청, http://kostat.go.kr
OECD홈페이지, http://www.oecd.org

토머스 프레이 홈페이지. http://www.futuristspeaker.com/

Innovation 홈페이지, http://www.innovationexcellence.com/blog/2009/10/14/for-better- innovation-fail-often-fail-fast-fail-cheap/#sthash.OObXWUbK.dpuf

기획재정부 보도자료, "최근 벤처·창업 활성화 동향과 성공 사례 : 2015년 1월, 벤처 기업 3만개 넘어서...", 2015.2.4.

Anthony, Scott(2009), 3 Ways to Fail Cheap, HBR Blog Network.

Govindarajan, Vijay(2011), What Drives You Nuts about Failure?, HBR Blog Network.

The Disruptive Start-Up : Clayton Christensen on How To Compete With THe Best, INC Magazine,